Kronen Zeitung

Peter Fraunender

SPORTIDOLE HAUTNAH

Bildverzeichnis
Cover: Marcel Hirscher: Christof Birbaumer / Kronen Zeitung
David Alaba: Gerhard Gradwohl / Kronen Zeitung
Dominic Thiem: Christof Birbaumer / Kronen Zeitung
Herbert Prohaska: Kronen Zeitung
S. 8, 16, 22, 25, 28, 42, 48, 54, 60, 80 (alle), 86, 92, 98 (alle), 113 (alle), 116 (alle), 130 (alle), 133, 155, 161, 164 (oben, links): Gerhard Gradwohl / Kronen Zeitung
S. 10, 19, 31, 77, 83, 101, 107 (alle), 119, 127 (alle), 140, 146, 164 (alle): Christof Birbaumer / Kronen Zeitung
S. 34, 66: Peter Moizi / Kronen Zeitung
S. 39: Hans Klaus Techt / APA / picturedesk.com
S. 45, 69, 110: Andreas Tröster / Kronen Zeitung
S. 51: Chris Koller / Kronen Zeitung
S. 57: ÖSV
S. 63: Klemens Groh / Kronen Zeitung
S. 72-73: Pressesports / EXPA / picturedesk.com
S. 74, 104 (alle), 152, 158, 167: Peter Frauneder / Kronen Zeitung
S. 89: Jock Maislinger / Kronen Zeitung
S. 95 (alle), 124, 143, 149: Sepp Pail / Kronen Zeitung
S. 122-123: dpa / picturedesk.com
S. 136: Nelson Almeida / AFP / picturedesk.com
S. 137: SZ Photo / SZ-Photo / picturedesk.com
S. 168: Reinhard Holl / Kronen Zeitung

---

1. Auflage 2021

ISBN 978-3-8000-7771-7

Lektorat: Marie-Christine Leitgeb, www.diesprachagentur.com
Cover & Satz: Saskia Beck, s-stern.com
Druck und Bindung: Finidr s. r. o., Cesky Tesin

www.ueberreuter.at

PETER
FRAUNEDER

SPORT IDOLE HAUTNAH

Erinnerungen aus 30 Jahren Reporterleben

Siege, Hoppalas und Insider-Storys

ueberreuter

INHALT

INHALT

INHALT

„ICH TAT IMMER DAS, WAS ICH TUN MUSSTE!"

‚Krone´´-Herausgeber Dr. Christoph Dichand mit Hermann Maier (li.)

Ende August 2020 wurde es gespenstisch: Ein „Straßenfeger" war angesagt, es zog uns vor die Fernsehschirme. Paris Saint Germain gegen Bayern München, das Finale der Champions League. Aber diesmal war alles anders, Corona hatte bereits tiefe Spuren hinterlassen, überall, auch in der Welt des Spitzensports. Ein mikroskopisch kleines Virus sprang nur wenige Monate zuvor auf einem chinesischen Fischmarkt von einem Tier auf einen Menschen über, die Welt erkrankte. Das Finale der zwei besten Mannschaften der Welt, ein Publikumshit, fand ohne Publikum vor Ort statt. Jubelschreie wurden eingeblendet, wenn diese überhaupt stattgefunden haben, dann in den eigenen vier Wänden, aber nicht im Stadion, die Einblendungen waren Aufzeichnungen von früher, als man noch nicht auf Distanz gehen hatte müssen.

Zum Zeitpunkt der Veröffentlichung dieses Buches haben wir das Virus in den Griff bekommen, mit dessen Auswirkungen werden wir noch lange zu kämpfen haben. Die Welt hat ihr Gesicht verändert, die Menschen stellen sich für Massenimpfungen an, Masken prägen noch immer das Straßenbild. Die EURO fand vor Publikum im Stadion statt, aber eingeschränkt, nicht mehr als zwölf- bis fünfzehntausend Zuseher, Budapest machte, wie immer, die Ausnahme. Aber die Jubelschreie werden lauter, und sie sind jetzt echt, nicht eingeblendet. Aufbruch ist angesagt: Peter Frauneder hat die „stillere Lockdown-Zeit" genutzt und kommt jetzt rechtzeitig mit seinem Buch heraus. 28 Jahre bei der Krone, das sind 28 Jahre hautnaher Erlebnisse mit den Superstars des Sports, nicht nur im Fußball. Skiidol Marcel Hirscher brachte ihn auf die Idee mit dem Buch, der „Herminator" lieferte ihm bisher unbekannte Geschichten. Und dann ist da sein legendäres Interview mit Zinédine Zidane. Seinen Kopfstoß beim WM-Finale 2006 in Berlin kennt man, das einzige Interview bekam Peter Fraunender.

Eigentlich waren noch zwei Jahre später Fragen zum Kopfstoß verboten, Volljournalist Peter Frauneder fragte ihn also, ob er jemals etwas in seiner Karriere bereut hätte. Alle wussten, was gemeint war, Zidanes Manager wurde blass, aber Zidane meinte gelassen: „Ich tat immer das, was ich tun musste!" Weltexklusiv hatte das die Krone, alle Medien berichteten. Aber auch die Tennisgrößen Dominic Thiem oder Rafael Nadal liefern Frauneder Schlagzeilen. Viel Spaß beim Lesen, auf volle Stadien und viel Jubel für unsere Sportidole. Die Krone und Peter Frauneder sind wieder hautnah dabei.

Ihr Christoph Dichand
Herausgeber der Kronen Zeitung

Marcel Hirscher beim Steak-Zubereiten

KÖSTLICHKEITEN

Als Rennläufer bewegt man sich meist in einem ganz speziellen Modus: Trainings, Videoanalysen, Physiotherapie, Rennen, Interviews. Dazwischen Frühstück, Mittagessen, Abendessen. Alles meist in den diversen Teamhotels. Wie eine Schablone, die man während der Saison nur sehr selten verlassen kann, darf und will. Täglich grüßt das Murmeltier – oder so ähnlich. Zu Abwechslungen und wirklichen Ablenkungen kommt man nur selten, weil alle sehr fokussiert sind: auf Siege, auf Abstimmung, auf Hundertstel und Zehntel, die man da und dort vielleicht herausholen kann. Umso willkommener sind jene, die es dann und wann doch gibt.

Wahrscheinlich kann ich mich deshalb auch Jahre danach noch ganz gut an diesen besonderen Abend erinnern. Es gab nicht das übliche Essen im Teamhotel, sondern Jakobsmuscheln und Steaks, zubereitet von drei Fotografen, die eindrucksvoll bewiesen, dass sie mit dem Kochlöffel fast genauso gut umgehen konnten wie mit ihren Kameras. Das Essen war vorzüglich. Und auch nach dem letzten Bissen bekam ich an diesem Esstisch, der für ein Appartement eigentlich riesig war, echte Köstlichkeiten serviert, und zwar in Form von Geschichten, die erzählt wurden. Es waren Anekdoten, sogenannte Hoppalas, kleine oder größere Skandale – nicht nur aus dem Skisport. Es handelte sich fast ausschließlch um Ereignisse, die man nie in einer Zeitung gelesen oder im TV gesehen hatte. Wir hatten sehr viel Spaß an dem Abend.

Geschichten von früher haben es mir immer schon angetan, speziell aus jener Zeit, da auch im Spitzensport alles noch ein wenig lockerer war als heute, gemütlicher irgendwie und nicht ausschließlich zielorientiert. Damals dachte ich. man müsse alle diese Anekdoten und Geschichten eigentlich unbedingt einmal niederschreiben. Peter Frauneder, der mich seit Anbeginn meiner Weltcup-Karriere journalistisch begleitet hat, hat das jetzt für mich erledigt. Das Zuhören damals in Beaver Creek war ein reines Vergnügen. Das Lesen ist bestimmt auch eines!

Marcel Hirscher

MARCEL HIRSCHER ALS IDEENSTIFTER

Die Rennen von Beaver Creek sind im Skizirkus ganz besonders beliebt. Die Rocky Mountains bieten eine atemberaubende Kulisse. Die Abfahrt auf der Birds of Prey, auf der Raubvogel-Piste, hat alles, was ein spektakuläres Downhill-Rennen braucht. Sie ist eine riesige Herausforderung für die Rennläufer. Abgesehen davon haben die Stars weit mehr Ruhe als bei den meisten Rennen in Europa. Es gibt weniger Sponsorentermine, weniger Journalisten, weniger Interviewanfragen und daher weniger Stress.

Auch Marcel Hirscher genoss das immer ganz besonders, schon weil insbesondere dann bei den Österreich-Klassikern der übliche Wahnsinn mit Selfies, Autogrammschreiben und so weiter über ihn hereinbrach. Nichts belastete den achtfachen Triumphator im Gesamtweltcup in all den Jahren mehr als das. In Beaver Creek hatte selbst er, der Superstar, mehr Zeit als bei den meisten anderen Rennen. Das wusste natürlich auch Marcel Perren, mein langjähriger Kollege und Ski-Experte des Schweizer Blick. Als das Internet aufkam, rief er die Sendung Après-Ski ins Leben und bat dort Woche für Woche Stars vor den Vorhang, und zwar in einer Art, wie das sonst nicht üblich war: beim Tischtennisspielen, am Wuzzler, beim Kochen und so weiter und so fort. Hirscher wollte er bei einem ganz privaten Abendessen interviewen. Der Österreicher nahm, eben weil er gerade ungewöhnlich viel Zeit hatte, die Einladung dankend an. Abwechslung gibt es schließlich für die Stars in den Rocky Mountains nur wenig, da sie nicht regelmäßig die Bars von Beaver Creek wie das Coyote besuchen können.
In einem der feudalen Appartements des Hotels The Charter, in dem das rot-weiß-rote Team Jahr für Jahr logiert, fand so ein sehr privates und außergewöhnliches Dinner statt. Neben Perren waren nur noch Hirschers PR-Berater Stefan Illek, der Schreiber dieser Zeilen sowie die Fotografen Christoph Birbaumer, Erich Spiess und Sven Toman anwesend. Die drei bewiesen eindrucksvoll, dass sie nicht nur mit ihren Kameras exzellent umgehen konnten, sondern auch mit dem Kochlöffel. Als Vorspeise kredenzten sie gratinierte Jakobsmuscheln, danach Filetsteaks, die fast noch vorzüglicher waren als jene im Edwards, jenem berühmt berüchtigten Restaurant in Colorado, nur wenige Autominuten von Beaver Creek entfernt, wo Jahr für Jahr fast der gesamte Weltcup-Zirkus zu Gast ist.

Auch Marcel war restlos von der Kochkunst der Anwesenden begeistert, und mehr noch von dem, was er zu hören bekam, von den Anekdoten aus unserem langjährigen Reporterleben. Bei manchen konnte er sich kaum halten vor Lachen und meinte deshalb: „Ihr müsst unbedingt ein Buch schreiben!" Mit mehrjähriger Verspätung ist es jetzt da. Danke für die Idee, Marcel!

ALS DER GROSSE ZIDANE ÜBERRUMPELT WURDE

Seit vielen Jahren zählen im Fußball neben der österreichischen Mannschaft noch zwei andere Nationalteams zu meinen großen Favoriten: Argentinien und Frankreich. Und das lag nicht zuletzt an den Superstars Diego Maradona und Zinédine Zidane, beide absolute Genies im Umgang mit dem runden Leder. Beide begeisterten und fesselten die ganze Welt. Daher war ich auch sprachlos, als mich der damalige Krone-Sportchef Christoph Wikus während der EURO 2008 in sein Büro bat und fragte: „Frauni, wollen Sie ein Exklusivinterview mit Zidane machen?"
Wie bitte? War das ein blöder Witz? Aber nein, es war wirklich so. Für seinen Ausrüster und Sponsor Adidas kam der große Zizou tatsächlich nach Wien, wo bekanntlich einige Spiele der EURO 2008 wie etwa auch das Finale ausgetragen wurden, und stand ausgewählten Medien für Interviews zur Verfügung. Davor sollte ein elendslanges, teils nur sehr schwer verständliches Schreiben seines Managements per Mail kommen – mit unzähligen Verhaltensregeln und vor allem mit Themen, zu denen jegliche Fragen strikt verboten waren. Tabu war unter anderem der berühmte Kopfstoß, den Zidane im WM-Finale 2006 Italiens Marco Materazzi versetzt hatte. Darüber hatte er zwei Jahre lang eisern geschwiegen – wie ein Grab.
Meine Nervosität vor dem Betreten des kleinen Raums im Wiener Rathaus, vor dem der Superstar zuvor mit Kindern gespielt hatte, war ziemlich groß. Anwesend waren ansonsten nur noch die leider mittlerweile verstorbene Krone-Starkolumnistin Marga Swoboda, Zizous Manager und natürlich er selbst. Um die Atmosphäre ein wenig aufzulockern, fragte ich ihn nach seinen drei Söhnen, die damals ebenfalls als Riesentalente galten. Er genoss das sichtlich und war äußerst redselig, obwohl er den Ruf hatte, nicht so mitteilsam zu sein. Und so fasste ich Mut und riskerte mit meiner nächsten Frage, dass er wutentbrannt den Raum verlassen würde, es musste jedoch sein.

„Monsieur Zidane, bereuen sie eigentlich irgendwas in ihrer Karriere?"
Ich sprach den Kopfstoß nicht direkt an, dennoch stand im Raum, worum es ging. Kollegin Marga, die natürlich auch über das Tabuthema unterrichtet war, schlug entsetzt die Hände über dem Kopf zusammen. Die Augen des Managers funkelten vor Zorn, als wollte er sich sofort wie ein Raubtier auf den übereifrigen Fragesteller stürzen. Und Zidane selbst? Der wirkte erstaunt, überrumpelt. Dann formte sich sein Gesicht aber zu einem milden, verständnisvollen Lächeln. Er sagte: „Ich tat immer das, was ich tun musste."

Das war das erste Mal, dass er überhaupt offiziell über den Skandal gesprochen hatte. Als das am nächsten Tag in der Krone in riesigen Lettern zu lesen war, ging es um die ganze Welt. Und schon während der Morgenbesprechung kam der legendäre Michael Jeannée ins Konferenzzimmer gestürmt: „Wo ist dieser Frauneder? Das ist genial. Das hätte man noch viel, viel größer machen müssen, mit weltexklusiv und so. Super, wirklich super."

Das war ein Ritterschlag für einen relativ jungen Kollegen wie mich damals. Der Brief, den er mir aus lauter Begeisterung am nächsten Tag schrieb, hängt immer noch in Stiegenaufgang meines Hauses – direkt neben dem Interview mit Zidane.

Vor dem Wiener Rathaus spielte der große Zinédine Zidane mit begeisterten Kindern.

ALS MAIER FÜR VERRÜCKT ERKLÄRT WURDE

Die Ski-WM 2005 in Bormio begann für Österreichs Herren gar nicht so schlecht, mit Silber und Bronze im Super-G durch Michael Walchhofer und Benni Raich, mit Bennis Triumph in der Kombination sowie Michaels Abfahrts-Bronze danach.
Nur für Superstar Hermann Maier war es gar nicht nach Wunsch gelaufen in den ersten Rennen auf der berühmten Stelvio. Als Vierter in seiner Paradedisziplin Super-G war er der ganz große Geschlagene, und in der Abfahrt kam er überhaupt nur auf Platz 17 – bis dato eines der schlimmsten Debakel bei einem Großereignis in seiner gesamten Karriere. Es kursierten bereits die ersten Maier-Witze. Und Christian Neureuther, der Vater unseres 2019 abgetretenen Lieblingspiefkes Felix, schrieb in seiner Kolumne in einer bayrischen Zeitung: „Maier ist der Verlierer dieser WM!" Das klang durchaus plausibel, schließlich war für den Salzburger nur noch der Riesentorlauf ausständig. In dieser Disziplin hatte er in der laufenden Saison nicht ein einziges Top-Ergebnis abgeliefert.

Nun saß ich also da mit ihm, in dem kleinen Fitness-Raum im Österreicher-Hotel in Bormio, zwei Tage vor dem letzten Rennen, seiner letzten, wenn auch nicht ganz realistischen Chance auf eine Medaille. Ich war mein Interview noch einmal genau durchgegangen, schließlich wusste ich, dass Maier sehr empfindlich sein konnte, wenn er auf Misserfolge angesprochen wurde. Er, der wie eine unzerstörbare Maschine wirkende Herminator, war sie einfach nicht gewöhnt und musste sich daher auch nur selten mit ihnen auseinandersetzen. Gerade wirkte er entspannt, und so konnte das Gespräch auf das heiße Thema gelenkt werden. „Hermann, es gibt inzwischen einige, die sich lustig machen über dich. Der Neureuther schreibt in seiner Kolumne, du seist der große Verlierer dieser WM."

Maier atmete kräftig durch und blickte mir tief in die Augen. Es war durchaus ein wenig angsteinflößend, dann sagte er: „Du kannst mich ruhig so zitieren: Ich bin der Verlierer dieser WM – bis jetzt!"
„Meinst du das ernst, Hermann?"
„Ja, todernst sogar."

Als am nächsten Tag sein Zitat in der Krone zu lesen war, erklärten ihn viele für völlig verrückt. Ein guter Freund rief mich an und fragte: „Ist der völlig übergeschnapptt? Der hat bei dieser WM noch nichts gewonnen und im Riesentorlauf wird er erst recht keinen Erfolg haben. Wie will er das Blatt noch wenden?" Die Antwort folgte in gewohnter Maier-Manier: Er kürte sich tags darauf zum Riesentorlauf-Weltmeister!

Die Feier danach war ebenso denkwürdig wie sein Triumph, für den er sogar die zweite Auflage seiner Biografie ein wenig umschrieb. Es war lange nach Mitternacht, als Hermann das Österreich-Haus mit einigen wenigen Vertrauten verließ. Der frischgebackene Weltmeister führte die Gruppe an. Er sang dabei selbst voller Inbrunst: „Hermann Maier! Es gibt nur einen Hermann Maier, einen Hermann Maier!“

Wenig später klopfte er an die Tür, wo unzählige Gäste davor stundenlang vergeblich auf den Champion gewartet hatten.
„Geschlossen“, fluchte von drinnen eine Stimme.
„I bin´s, da Hermann“, schrie der späte Gast zurück.
„Schnell, schnell, der Maier ist da!“

Die Türe öffnete sich, aus den Lautsprechern erklang "We are the Champions", und es begann eine Party, von der Jahre später noch gesprochen werden sollte.

Hermann Maier (li.) konnte es nicht fassen - auch Benni Raich staunte.

IST DIESER BERGER WIRKLICH SO EIN ARSCH?

Anfang des Jahres 1998 kam Michael Kuhn, der damalige Sportchef der Krone, zu mir ins Zimmer. Er hatte kurz davor seinen sechzigsten Geburtstag gefeiert und bei der Gelegenheit von Gerhard Berger einen originalen Rennhelm bekommen, der heute immer noch in der Sportredaktion in der Muthgasse steht. Zugleich hatte er einen ganz speziellen Deal mit dem Formel-1-Star abgeschlossen, der im Jahr zuvor zurückgetreten war: Er sollte ab sofort eine Kolumne für die Zeitung schreiben. „Frauni", sagte er deshalb an besagtem Tag, „können Sie sich ab sofort um die Kolumne kümmern?" Heinz Prüller, unser langjähriger Formel-1-Experte, hätte das neben all seinen TV-Aufgaben nicht auch noch geschafft. Es war Ehre und Herausforderung zugleich. Entsprechend groß war die Zurückhaltung, gepaart mit aufrichtiger Anerkennung beim ersten Anruf bei jenem Mann, dem man so viele Jahre die Daumen gedrückt hatte. Er nahm mir gleich mit seinen ersten Worten jegliche Anspannung.
„Servus, du brauchst nicht Sie sagen, ich bin der Gerhard. Und wie machen wir das jetzt am besten?"
Die Zusammenarbeit mit ihm gestaltete sich dann völlig unproblematisch, weil er in jeder Hinsicht ein absoluter Vollprofi war. Wenn er wusste, dass er einmal keine Zeit haben würde, rief er schon um sieben Uhr Früh an, um alles zu besprechen, oft von seiner Jacht aus, die meist vor Monte Carlo lag.
Nur einem waren diese morgendlichen Telefonate, bei denen er nicht mithören konnte, aber nicht wirklich recht: Kollegen Peter Moizi. Der hatte damals gerade begonnen, Stimmen zu imitieren. Im Büro musste deshalb bei jedem Telefonat der Lautsprecher eingeschaltet werden, damit er auch die von Berger genau studieren konnte. Bald sprach er, wenn er wollte, wirklich fast so wie der Tiroler.

Das nahm er zum Anlass, eines Abends in der Redaktion anzurufen, und zwar als er wusste, dass ein zwar sehr tüchtiger, aber ebenso scheuer, zurückhaltender Kollege im Layout für den Schlussdienst verantwortlich war.
„Hallo, Gerhard Berger spricht, geben Sie mir, bitte, den Peter Frauneder!"
„Grüß Gott, Herr Berger, der ist nicht mehr da, glaube ich."
„Wo ist er denn?"
„Ich weiß es leider nicht, er sagt mir selten, wo er hingeht, wenn er die Redaktion verlässt."
„Was soll das heißen? Sie wissen nicht, wo er ist? Sie müssen das wissen, Sie arbeiten doch bei der Krone."
„Das muss ich trotzdem nicht wissen."
Das Gespräch ging minutenlang so hin und her. Der geschätzte Kollege aus dem Layout wurde immer ängstlicher, immer zweifelnder und Moizi alias Berger immer aggressiver, immer lauter – bis er auflegte, scheinbar außer sich vor Zorn und mit den Worten: „Wissen Sie,

ich werde jetzt dem Sportchef melden, wie Sie sich manche seiner Mitarbeiter so verhalten."

Am nächsten Tag ging in aller Herrgottsfrüh – wie ein paar Wochen davor beim überraschenden Besuch von Kuhn – wieder die Bürotür auf. Der Kollege vom Layout trat ein. Immer noch merkbar verängstigt, und verzweifelt meinte er: „Peter, ich habe ihn als Rennläufer immer sehr sympathisch gefunden und über seine Erfolge gejubelt, aber ist dieser Berger wirklich so ein Arsch?"

Gerhard Berger mit Michael Häupl, Danny Ricciardo, Helmut Marko und Niki Lauda (von links)

ALS WEDER MARLIES NOCH BENNI VON IHREM KIND WUSSTEN

Manfred Kimmel, der über viele Jahre in der PR-Abteilung des Skiverbandes tätigt war, betreute Stars wie Hermann Maier, Benni Raich und später auch das Damenteam um Marlies Schild herum. Anderen Streiche zu spielen, gehörte für ihn zu seinem Job dazu, wie etwa damals während der Damenrennen in Lake Louise im Dezember 2005.

Wir standen nebeneinander und beobachteten den Trainingslauf. Direkt hinter uns hatte sich ein junger Ö3-Radioreporter geschlichen, der bei seiner Premiere im Skiweltcup auf keinen Fall eine gute Geschichte verpassen wollte. Also versuchte er aufzuschnappen, was irgendwie möglich war.

Während der Trainingsfahrt von Marlies Schild stupste mich Kimmel an und flüsterte mir ein einziges Wort zu: „Schwanger!" Mir war sofort klar, was er beabsichtigte, daher antwortete ich, wie aus der Pistole geschossen: „Das wäre die Geschichte schlechthin, wenn sie ein Baby erwartet und trotzdem bei den Olympischen Spielen noch eine Medaille holt." Wenige Sekunden später war der Radioreporter verschwunden. Erst wenige Wochen zuvor war die Beziehung der Salzburgerin mit Benni Raich, einem der damaligen Superstars im Herrenzirkus, bekannt geworden.

Natürlich wollte unser junger Freund seine Kollegen sofort über diese „Bombe", über seine erste Exklusivgeschichte im Skisport, informieren. Kimmel wurde die ganze Sache zu heiß, also nahm er den Jungkollegen zur Seite und sagte: „Du, das mit Marlies vorher, das war ein Schmäh. Wir wollten dich nur hereinlegen."

Ein empörter Gesichtsausdruck und eine noch empörtere Antwort: „Ihr glaubt doch nicht, dass ich darauf reinfalle und ihr mich davon abhalten könnt, daraus eine Geschichte zu machen?" Wild entschlossen schritt er zur Tat und informierte seinen Chef in Wien, ferner auch jenen Kollegen, der von den gleichzeitig stattfindenden Herrenrennen in Beaver Creek berichtete und bei der ersten Gelegenheit Raich in eine ruhige Ecke zog, in der niemand anderer mithören konnte, um ihn zu fragen: „Benni, man munkelt, dass du und Marlies Nachwuchs erwarten würdet…" Die Antwort des Tirolers, der über die ständigen Gerüchte rund um seine Beziehung längst nur mehr lachen konnte: „Na und, ist ja nichts Böses, oder?" Jetzt war den beiden Kollegen vom Radio endgültig klar, dass sie da eine echte Sensationsgeschichte aufgedeckt hatten. Sie nahmen alles auf, und Kimmel musste aus Kanada stundenlang mit ihren Bossen in Wien telefonieren, um zu verhindern, dass diese Falschmeldung tatsächlich gesendet wurde. Erstmals Eltern wurden Marlies und Benni übrigens ziemlich genau zehn Jahre später.

Benni Raich und Gattin Marlies, vormals Schild, am Tag des Sports in Wien

EIN ASSIST FÜR DEN GROSSEN BECKHAM

David Beckham zählt fraglos zu den schillerndsten Stars der Sportgeschichte. Im Jahr 2004 nahm ihn etwa das US-Magazin Time in die Liste der hundert einflussreichsten Persönlichkeiten der Welt auf. Die Tatsache, dass er wirklich weltweit bekannt wurde, hatte jedoch nicht nur mit seinem fußballerischen Können zu tun. Beckham war immer auch ein Genie in Sachen Selbstvermarktung, die zugleich auch durch sein Liebesleben erleichtert wurde. Bekanntlich ist er seit vielen Jahren mit dem Spice Girl Victoria verheiratet. Eine erfolgreiche, ja eine weltberühmte Musikerin und ein Spitzenfußballer – die Scheinwerfer richteten sich gewissermaßen wie von selbst auf das Traumpaar.

Abgesehen davon, war Beckham immer ein PR-Profi durch und durch. Seine Antworten auf diverse Interviewfragen waren stets reif für eine Schlagzeile, zudem war er Model, gab Parfums seinen Namen und machte Werbung in unzähligen anderen Bereichen. All das rief naturgemäß auch Neider auf den Plan. Oft wurde er als Sündenbock abgestempelt. Während der 2:3-Niederlage Englands gegen Portugal bei der EURO 2000 hatte ihn eine Gruppe von Fans das ganze Spiel über beleidigt, mit Sprüchen, die meist tief unter der Gürtellinie angesiedelt waren. Irgendwann reichte es ihm und er zeigte ihnen den Stinkefinger. Daraufhin riefen zahlreiche Medien in seiner Heimat dazu auf, solche Beschimpfungen zu unterlassen.

Für Aufsehen sorgte auch sein Millionentransfer von Manchester United zu Real Madrid im Jahr 2003, wo er die Nummer 23 wählte, weil seine standesgemäße Sieben schon an Real-Ikone Raul vergeben war. Das Trikot, das die Spanier sofort produzieren hatten lassen, war binnen eines Tages ausverkauft.

Gesprächsstoff lieferte Beckham immer genug. Die Interviews mit ihm waren unvergesslich, etwa jenes in Madrid, im Zuge dessen er den Krone-Lesern versprach: „Ich spiele sicher bei der EURO 2008 in Österreich!“ Das konnte der insgesamt 115-fache Teamspieler leider nicht einhalten, weil England in der Qualifikation an Kroatien und Russland scheiterte.

Ich erinnere mich sehr gut an mein erstes Treffen mit ihm. Um einen neuen Fußballschuh zu promoten, hatte Adidas damals nach Manchester eingeladen. Damit verbunden war ein Medientag mit dem Superstar von United. Als Höhepunkt war ein Match der Journalisten aus allen möglichen Ländern angesetzt, bei dem Beckham in der ersten Hälfte bei der einen und in der zweiten bei der anderen Mannschaft spielte. Die Letztere war meine. Kurz vor Schluss stand es 8:8, als plötzlich der höchstens mäßig begabte Hobbyfußballer und der absolute Superstar alleine vor dem gegnerischen Tormann auftauchten.

Wie das überhaupt gelingen konnte, ist mir heute noch schleierhaft. Viermal spielte er mir den Ball damals zu, und ich wieder zurück, weil eines sofort klar war: Es erweckt zweifelsohne mehr Eindruck, wenn man erzählen kann, man hätte Beckham ein Tor aufgelegt, als umgekehrt.
Irgendwann wurde ihm das seltsame Treiben mit den Pässen, die für ihn ziemlich ungeschickt gewirkt haben müssen, zu blöd und er drosch den Ball ins Netz – und ich kann voller Stolz von dem Assist für den großen Beckham erzählen, auch wenn Letzteres keinesfalls einer großen Leistung oder gar einem großen Können geschuldet war.

Auch als David Beckham mit Englands Team in Wien gastierte, war der Rummel um ihn riesig.

WIE DIE AFFÄRE VONN–WOODS AUFFLOG

Das Coyote im Zentrum von Beaver Creek ist zweifelsohne eine der legendärsten Bars im Weltcup-Zirkus. Auch zahlreiche Rennläufer, allen voran Enfant terrible Bode Miller, traf man dort immer wieder. Für Trainer, Funktionäre und Serviceleute war ein Besuch während der Rennwoche in Colorado ohnehin Pflicht. Bei den meisten wurden es jährlich sogar mehrere, um nicht zu sagen tägliche.

Im Dezember 2012 traf sich gleich am ersten Abend nach der Ankunft nahezu der gesamte Tross dort, und wie gewöhnlich lockerten sich die Zungen umso mehr, desto später der Abend wurde. Zwei Serviceleute, die alles andere als auf den Mund gefallen waren, meinten plötzlich: „Der Woods war da, während die Vonn hier trainiert hat – die beiden haben offenbar was miteinander." Tiger und Lindsey, die beiden Superstars – das wäre die Geschichte, eine „Bombe", und zwar weltweit, wie man das so im Journalistensprech bezeichnet. Schon beim ersten Training am nächsten Tag begann eine intensive Recherche, und bald stellte sich heraus, dass die beiden Serviceleute mit ihrer Vermutung recht gehabt und nicht – unter Einfluss von zu viel Alkohol – fantasiert oder gar eine Falle für die anwesenden Journalisten gestellt hatten. Nein, vielmehr bestätigten so gut wie alle, dass Woods tatsächlich in Colorado war.

Als der Damenzirkus dann in Lake Louise war, informierte ich meinen Kollegen Georg Fraisl, der von dort berichtete, und natürlich meine Chefs in Wien. Schon am nächsten Tag erschien auf Seite eins der Krone eine Fotomontage mit Woods und Vonn. Darunter stand: „Heißes Liebesgerücht um Tiger & Lindsey!"

Die Geschichte wurde fast auf dem ganzen Erdball zitiert. Sie schlug, wie erwartet, ein. Lediglich die beiden Serviceleute fühlten sich von Tag zu Tag schlechter, weil sie das große Geheimnis ausgeplaudert hatten. Daran änderte sich auch nicht viel, nachdem die Beziehung der beiden gar nicht so viel später offiziell bestätigt wurde. „Die Lindsey", fürchtete der eine bangen Blickes, „spricht nie wieder ein Wort mit uns beiden."

Dafür sprach der ganze Weltcup-Tross über die Geschichte – und die beiden Plaudertascherln. In Gröden bat sie Krone-Fotograf Christof Birbaumer für ein Foto in den großen Skistall. Angeblich, um eine Geschichte rund ums Material zu machen. Lächelnd posierten sie. Mit erhobenen Daumen, nicht ahnend, was noch auf sie zukommen würde. Wir produzierten eine Titelseite mit dem Bild der beiden – und dem Titel: „Sie deckten den Fall Vonn–Woods auf." Natürlich erschien sie nie wirklich, das wussten die beiden jedoch nicht. Dafür bekamen sie die österreichischen Rennläufer im Zielraum mit einem Mascherl überreicht, quasi als Weihnachtsgeschenk, und wir hängten die Seiten überall auf: im Skistall, im Hotel, einfach überall. Die Serviceleute waren fix und fertig, und der ganze Tross lachte noch mehr über sie. Bis heute weiß Vonn übrigens nicht genau, wie die Geschichte damals an die Öffentlichkeit gelangt war. Das Beziehungsende im Jahr 2015 zog dann einen noch viel größeren Skandal nach sich.

2018 wurde nämlich das Handy von Vonn gehackt, und die ganze Welt bekam Nacktbilder von ihr und ihrem Golf-Lover zu Gesicht. Das entsetzte sie tatsächlich. „Für mich ist das wie eine Vergewaltigung!", ließ sie die Presse wissen.

Golf-Ass Tiger Woods und Ski-Beauty Lindsey Vonn waren einst das Traumpaar des Weltsports.

ALS HERMANN DEN „GIGANTEN" ZERTRÜMMERTE

Günter Bresnik zählt zweifelsohne zu den erfolgreichsten Tennistrainern der Geschichte. Er arbeitete mit Größen wie Boris Becker oder Patrick McEnroe oder mit erfolgreichen österreichischen Spielern wie Horst Skoff, Stefan Koubek und später natürlich vor allem mit Dominic Thiem, der unter seiner Führung in die absolute Weltspitze aufsteigen sollte. Als Bresnik im Frühjahr 2005 seine Kathi, mit der er damals bereits vier Töchter hatte, heiratete, war Thiem gerade einmal elf Jahre alt. Kein Mensch kannte ihn – im Gegensatz zu vielen anderen Gästen wie etwa Skoff und Koubek oder jenem Mann, der da für viele überraschend neben einer jungen, hübschen Dame in der ersten Reihe der kleinen Kapelle im niederösterreichischen Innermanzing saß: Ski-Superstar Hermann Maier. Er hatte erst wenige Wochen zuvor in Bormio völlig sensationell WM-Gold im Riesentorlauf geholt. „Was macht denn der da?", fragten sich viele der Gäste. Des Rätsels Lösung: Die junge Dame neben ihm war eine deutsche Tennisspielerin, die ebenfalls mit Bresnik trainierte, zugleich war sie eine gute Bekannte Maiers. Sie hatte ihn zur Hochzeit mitgenommen.

Die Stimmung auf dem Fest wurde von Minute zu Minute ausgelassener, und irgendwann rund um Mitternacht tanzten nahezu alle Männer mit nacktem Oberkörper, auch Werner, der Schwager von Bresnik, der ob seiner Muskelmassen „Fleischberg" genannt wurde. Neben ihm wirkte sogar Maier schmächtig, ja verletzlich.

Damals war Armdrücken in der Umgebung von Innermanzing eine Art Nationalsport. Bei jeder Gelegenheit gab es Duelle, im Wirtshaus, bei Bierfesten, bei privaten Feiern. „Fleischberg" Werner war dabei über Jahre ungeschlagen, ein unzerstörbarer Gigant in der ganzen Region. Keiner hatte auch nur den Funken einer Chance gegen ihn, weshalb er jetzt Maier, dessen rohe Kraft beinahe schon sprichwörtlich war, zum Duell herausforderte. Er war voller Optimismus und sich seines Sieges sicher.

Die beiden nahmen gegenüber Platz und stellten ihre wuchtigen Arme auf den Tisch. Dann fassten sie einander an den Händen. Einer der zahlreichen, gebannt wartenden Zuseher gab das Startkommando: „Drei, zwei, eins – los!" Dann eine Art Urschrei, ein lautes, mächtiges Wuahhhh und keine fünf Sekunden später ein nicht minder ohrenbetäubenden Knall – dann lag die Hand von Armdrückgigant Werner auf dem Tisch. Er hatte nicht den Funken einer Chance gegen Maier gehabt.

Zweimal wiederholte sich das Spiel, weil er die Niederlage, seine erste seit Ewigkeiten, nicht und nicht wahrhaben wollte. Aber auch das änderte nichts an der Abfolge der Ereignisse: Schrei, Knall. Schrei, Knall – dann gab er auf. Es erging ihm nicht anders als Maiers Gegnern auf der Skipiste, die so oft seine Überlegenheit, seine Übermacht, ja seine Unbesiegbarkeit anerkennen mussten.

Dominic Thiem, einst bei der Hochzeit seines Trainers Günter Bresnik noch blutjung, beim Training

"DU KANNST MICH RUHIG SO ZITIEREN: ICH BIN DER VERLIERER DIESER WM – BIS JETZT"

Nach dieser Ankündigung bei der WM 2005 erklärten HERMANN MAIER viele für verrückt – aber er wurde tatsächlich Weltmeister im Riesentorlauf.

NUR BODE PFIFF SOGAR AUF PUTIN

Am 2. Jänner 2009 erlebte der Skisport eine Weltpremiere. Erstmals wurde ein Rennen in einer Großstadt gefahren. Vor der berühmten Lomonossow-Universität in Moskau hatte man eine riesige Rampe aufgebaut. 16 Herren kämpften in dem Parallelbewerb um den Sieg, darunter auch Österreicher wie Reini Herbst oder der damals bereits dreifache Weltmeister Mario Matt. Den Sieg holte Felix Neureuther. Es war der erste große Erfolg des Deutschen, der später zum „Lieblingspiefke" der Österreicher werden sollte.

Es war eine absolut gelungene Premiere. Tausende Zuschauer. Mitreißende Atmosphäre. Packende Duelle auf der Piste. Hans Pum, der Alpindirektor des Skiverbands, war ebenfalls begeistert: „Das hat absolut Zukunft." Gleich darauf fragte er mich: „Apropos, willst du morgen mit nach Sotschi fliegen?"
„Wieso nach Sotschi?"
„Wladimir Putin hat den ganzen Tross, also uns alle, dorthin eingeladen."
Mein Erstaunen war groß. Wladimir Putin, damals Russlands Ministerpräsident, einer der mächtigsten Männer der Welt – es war anzunehmen, dass hinter dieser Einladung Kalkül steckte. Sotschi, die Stadt am Schwarzen Meer, hatte sich um die Ausrichtung der Olympischen Winterspiele 2014 beworben. Dafür sollte nun wohl Werbung gemacht werden.
Meine nächste Frage an Pum: „Und wie kommen wir zurück?"
„Das extra für uns gecharterte Flugzeug bringt uns gleich weiter nach Zagreb, wo übermorgen der Slalom gefahren wird."
„Aber ich bin nicht in Zagreb eingeteilt, ich muss heim nach Wien in die Redaktion." Nach einem kurzen Anruf bei Vedran Pavlek, dem Mastermind des kroatischen Skiverbandes – das Gespräch dauerte keine 30 Sekunden –, sagte Pum: „Alle, die woanders hin müssen, werden am Flughafen von Zagreb abgeholt und weitergeführt." Natürlich nahm ich die Einladung unter diesen Umständen an. Wie alle, auch etwa Norwegens Superstar Aksel Lund Svindal. Nur der stets eigenwillige US-Rebell Bode Miller nicht. Der pfiff sogar auf Putin.

Am nächsten Morgen holten uns zwei Busse vom Hotel ab. Mit Blaulichteskorte ging es zum Militärflughafen. Es gab nicht einen Stopp am Weg dorthin. Selbst bei roten Ampeln durften wir weiterfahren. Dabei ist gerade Moskau so gefürchtet für seine Staus.

Bereits auf der Fahrt zum Flughafen wurden die Reisepässe eingesammelt, später im Flugzeug bekamen wir sie wieder. Aus Russland auszureisen, ohne dass jemand den Pass und seinen Besitzer zugleich gesehen hat, ist im Normalfall völlig unmöglich, ja völlig undenkbar. Wenn Putin jedoch die Finger im Spiel hat, wird dort eben auch Unmögliches sehr rasch möglich.

Wenige Stunden später am Weg rauf ins Skigebiet von Sotschi wieder das gleiche Szenario: riesige Polizeieskorte mit Blaulicht. Andere Autos mussten auf den wegen der zahlreichen Baustellen zum Teil sehr engen Straßen in den Graben fahren, damit wir passieren konnten. Mit den Sechs-Mann-Gondeln ging es dann auf den Gipfel. Selbstverständlich mussten wir uns auch hier nicht anstellen. Oben stand er dann: rote Wollhaube, blau-weiß-roter Anorak, die Skier angeschnallt, die Stöcke in den Händen: Wladimir Putin. Er begrüßte die ganze Gruppe und sprach gleich die nächste Einladung zu einem Mittagessen in einem Sechs-Sterne-Hotel nahe dem Skigebiet aus. Dort saßen wir dann alle an einer riesigen Tafel. Auch Dmitri Medwedew, damals Russlands Präsident, war mittlerweile eingetroffen. Er und Putin begrüßten jeden Einzelnen per Handschlag. Mario Matt hatte, weil er bereits dreifacher Weltmeister war, die Ehre, zwischen den beiden zu sitzen. Das Essen war ebenso exzellent wie feudal. Danach trat eine Musikgruppe in typisch russischer Tracht auf. Als die Sängerin Putin zum Tanzen aufforderte, stand dieser tatsächlich auf und willigte ein. Damals gab es schon die ersten Mobiltelefone, mit denen man auch fotografieren konnte. Jeder, der eines hatte, wollte dieses Jahrhundertfoto vom tanzenden Ministerpräsidenten haben. Kaum hatte man das Handy jedoch hochgehoben, traten von hinten dubiose Männer in dunklen Anzügen heran und drückten die Arme jeweils sanft, aber bestimmt nach unten. Dass so viele Securitys anwesend waren, hatte bis dato kaum jemand bemerkt. Kaum einer, der noch ein Foto machen wollte … Der mächtige Wladimir tanzte fröhlich beschwingt weiter.

Der eigenwillige Bode Miller pfiff sogar auf Wladimir Putin.

DER MANN, DER ALLE ZUM LACHEN BRINGT

Herbert Prohaska ist der mit Abstand längstdienende Fußball-Kolumnist der Krone. Zumindest vor Corona-Zeiten kam er Jahr für Jahr zu Weihnachten in die Redaktion – mit mehreren Flaschen Wein für die Herren und mit Keksen für die Damen, um sich bei allen für die Zusammenarbeit zu bedanken. Das ist ganz typisch für Prohaska. Der Mann, der in Österreich zum Jahrhundert-Fußballer gewählt wurde, ist ein äußerst sympathischer und liebenswerter Mensch, und ein lustiger. Letzteres ist wenig glaubhaft, wenn man ihn nur aus dem Fernsehen kennt. Da wirkt er oft steif und zurückhaltend. Das ist wohl der Seriosität des Staatsfunks geschuldet. Lange Zeit waren Moderatoren und Analytiker sogar per Sie.

Was Prohaska angeht, ist die Wahrheit eine ganz andere. Er, der Österreich mit dem legendären Spitz von Izmir zur WM 1978 geschossen und das Nationalteam als Teamchef zur Endrunde 1998 geführt hat, kann, auch wenn er im ORF so zurückhaltend wirkt, mit seinen Anekdoten ganze Abende lang unterhalten. Es ist einfach herrlich, ihm zuzuhören, wenn er Geschichten von früher erzählt. Er selbst genießt es auch richtig, alle stundenlang lachen zu hören.

Einmal verging jedoch sogar ihm selbst das Lachen. Nach einem Spätdienst im Zuge der EURO 2008 gingen mehrere Kollegen – wie das gelegentlich vorkam – auf ein Entspannungsbier zur nahe gelegenen Tankstelle in der Muthgasse direkt gegenüber vom Pressehaus im 19. Wiener Gemeindebezirk. Einer aus der üblichen Runde, die eigentlich immer die gleichen Personen umfasste, meinte an diesem Abend, dass er nicht mitkommen würde. „Ich kann heute kein Bier trinken!", sagte er. Als wir ihn nach dem Grund fragten, ließ er uns wissen, dass er am nächsten Tag ganz zeitig in der Früh für eine EURO-Sondersendung eine TV-Aufnahme bei Ö3, wo er abgesehen von seiner Tätigkeit bei der Krone auch gelegentlich arbeitete, hätte, und zwar gemeinsam mit Fußballlegende Herbert Prohaska.

Konsequenz ist jedoch nicht die allergrößte Stärke des Kollegen. Eher im Gegenteil. Rund eine Viertelstunde vor Beginn der TV-Aufnahme war er immer noch auf der Tankstelle. Er fuhr dann direkt zum nahe gelegenen Gebäude von Österreichs größtem Radiosender – und dort, bei der Einfahrt zum Parkplatz, gleich einmal dem Sendeleiter ins Auto. Seinen Auftritt absolvierte er trotzdem. Uns interessierte natürlich alle brennend, wie dieser abgelaufen war, deshalb riefen wir auch sofort danach seinen prominenten Aufnahmepartner an: „Herbert, wie war es?"
Prohaskas Antwort:

„ER HAT SICH GAR NICHT SO SCHLECHT GESCHLAGEN. ABER ICH HABE NOCH NIE EINEN MENSCHEN ERLEBT, DER DERART NACH ALKOHOL GESTUNKEN HAT …!"

Wegen seiner Haarpracht wurde Herbert Prohaska bereits in jungen Jahren für alle zum Schneckerl.

ALS VEITH HÖCHSTPERSÖNLICH KAFFEE UND KUCHEN SERVIERTE

Die Skirennen in Südtirol zählen zu den beliebtesten im ganzen Weltcup-Zirkus. Sie stehen immer unmittelbar vor Weihnachten am Programm. Die zahlreichen Herrgottschnitzer im Grödner Tal passen perfekt zur besinnlichen Adventzeit und sorgen Jahr für Jahr für die entsprechende Stimmung unter Sportlern, Trainern oder Beteuern, die aus beruflichen Gründen noch nicht bei ihren Familien sein können. Dazu ist das Essen meist grandios, wie etwa in den langjährigen Quartieren des österreichischen Teams. Im Hotel Wolkenstein in Santa Cristina, von dem man den Zielraum der Saslong von Gröden problemlos zu Fuß erreicht, genauso wie im Posta Zirm in Corvara, nahe der berühmten Gran Risa von Alta Badia. Dass sich die Qualität der italienischen Weine alldem nahtlos anpasst, muss nicht extra erwähnt werden.

Im Dezember 2014 war von Besinnlichkeit und Ruhe jedoch wenig zu spüren, zumindest hinter den Kulissen nicht. Es war eine Dame, die stetig für Gesprächsstoff sorgte, für zahllose Gerüchte genauer gesagt, und diese Dame war Anna Veith, die damals noch unter ihrem Mädchennamen Fenninger als eine der ganz Großen auf den Rennstrecken dieser Welt unterwegs war.

Trotz ihres Erfolges wurden hinter den Kulissen die heftigen Meinungsverschiedenheiten zwischen den Verantwortlichen des Skiverbandes und ihrem damaligen Management immer lauter. Etwa darüber, dass Veith angeblich gerade einen Zigtausende Euro schweren Sponsordeal mit der Automarke Mercedes aushandelte, was vielen vom ÖSV schon allein deshalb ein schmerzhafter Dorn im Auge war, weil der Verband bekanntlich vom Rivalen Audi gesponsert wurde.

Da dies von diversen Seiten zumindest hinter vorgehaltener Hand bestätigt wurde, erschien zum Jahreswechsel auch in der Krone ein Artikel mit dem Titel: „Um Fenninger bahnt sich ein Millionen-Krach an!" Die Aufregung war enorm, vor allem Anna selbst war sauer. Ihr Ärger beruhigte sich auch nicht, als sie wenig später bei der Weltmeisterschaft 2015 in Beaver Creek zwei Goldene und eine Silberne gewann. Nach dem Olympiasieg im Jahr zuvor war sie nun endgültig ein Superstar.

Die Sache mit den Millionen-Krach bewahrheitete sich dennoch bald, und zwar in wilderer und schlimmerer Form, als ursprünglich angenommen. Der Streit eskalierte völlig. Selbst von einem Austritt aus dem Skiverband und dem künftigen Start für eine andere Nation war die Rede. Eskalation total – bis es schließlich doch noch zu einem Einlenken kam. Nach intensiven

Gesprächen, vor allem zwischen ihr und Verbandspräsident Peter Schröcksnadel, die eine totale Entmachtung ihres umstrittenen Managers Klaus Kärcher zur Folge hatten, fuhr Veith weiter für Österreich. Trotz zahlreicher schlimmer Verletzungen, etwa der im Herbst 2015, konnte sie noch viele Erfolge feiern. Die Wogen hatten sich geglättet, die dynamitgeladene Stimmung sich langsam wieder beruhigt.

Im Sommer 2018 bat sie mich als Vertreter der Krone, die knapp vier Jahre zuvor alles angezettelt hatte, sogar nach Rohrmoos zu einem großen Sommerinterview in das wundervolle ARX-Hotel, das sie nunmehr mit ihrem Ehemann Manuel führt. Kaffee und Kuchen servierte sie höchstpersönlich.

Anna Veith mit ihrem Manuel vor deren wundervollem ARX-Hotel in Rohrmoos.

OGRIS UND EINE SEINER SCHLIMMSTEN NIEDERLAGEN

Das Tapetenwechsel, ein Lokal im zweiter Wiener Gemeindebezirk in der Zirkusgassse. Die Tische standen dicht nebeneinander, auf jedem war selbstredend ein Aschenbecher, rechts neben der Bar ein großer Dart-Automat, ziemlich genau vis-à-vis davon einer, auf dem die Glücksräder rannten. Viel typischer konnte ein Wiener Kaffeehaus für die Neunzigerjahre nicht sein, in einer Zeit, in der von heute gängigen Auflagen für Glückspielautomaten oder einem Rauchverbot noch keine Rede war.

Auch die damaligen Stammgäste hätten sich nicht vorstellen können, dass das einmal so kommen würde. Zu ihnen zählten auch zahlreiche Fußballer. Wie etwa Franz Wohlfahrt, Gerd Steinkogler und viele mehr. Vor allem einen traf man dort regelmäßig nach seiner Profikarriere: Andi Ogris. Wie zuvor auf den Fußballplätzen war er nun im Tapetenwechsel der große Star. Dazu machten ihn schon seine schier unglaublichen Künste beim Dart-Spielen. Manchmal war er so stark, dass er durchaus bei den Profis hätte mithalten können. Mit regelmäßiger Sicherheit traf er die Triple-20, die sechzig Punkte bedeutet und somit der höchste mit einem Pfeil erreichbare Score ist.

Immer wieder versuchten Unentwegte trotzdem, ihn herauszufordern. „Kennst du einen Satz mit Richter?“, fragte er dann stets schmunzelnd, um meist sofort anzufügen: „… dann richt da a Geld her.“ Er gewann so gut wie immer. Daher betrat er das Lokal auch an jenem Tag, an dem im Tapetenwechsel ein großes Dart-Turnier stattfinden sollte, entsprechend selbstbewusst. Neben einigen Fußballern und anderen Stammgästen machten auch zwei Sportjournalisten mit. Letztere nahm Ogris als Gegner schon überhaupt nicht ernst. „Was bringt das, dass ihr hier mitspielt?“, feixte er und schüttelte verständnislos den Kopf.

Entsprechend erstaunt war er, als einer von ihnen sogar das Finale erreichte. Dass er selbst auch so weit gekommen war, verstand sich von selbst. Bei ihm hatte das mit Können zu tun, bei seinem mäßig talentierten Gegner in der letzten Runde dagegen vor allem mit Glück, das ihn auch in der Entscheidung nicht verließ: ein Pfeil genau in die Mitte, einer in die Triple-19 und so weiter und so fort. Die Streuung war groß, was in Wahrheit alles andere als für einen guten Spieler spricht, dennoch brachten die Glückstreffer jedes Mal viele Punkte. Ogris wurde immer nervöser, und dann das Unvorstellbare: Seinem Gegner fehlten nur noch 54 Punkte, und der traf – wieder mit Glück – genau in die Mitte und danach in die Doppel-2, auf die er gar nicht gezielt hatte. Die Sensation war perfekt, als der als unbesiegbar geltende Ogris geschlagen war. Auch Jahre später war das für ihn eine der schlimmsten Niederlagen, die er je hatte einstecken müssen.

Andreas Ogris ist mit dem Ball immer noch auf Du und Du.

Violett ist seine Farbe: Für die Fans von Austria Wien ist Ogris eine ewige Legende.

GENESUNGSWÜNSCHE VON MESSI

Olympia 2010 in Vancouver, fraglos die besten Winterspiele seit 1994 in Lillehammer, weil anders als bei zu so vielen anderen, die man in den letzten Jahren so miterleben hatte müssen, eine großartige Atmosphäre herrschte. Die Tribünen waren bei nahezu allen Bewerben restlos voll, und auch der Wettergott spielte mit bei dieser perfekten Regie. Den Moment, da Sidney Crosby im Eishockey-Finale gegen die USA das entscheidende 3:2 für Kanada erzielte, wird wohl niemand vergessen, der damals in der Stadt am Pazifik war. Ein Jubel wie ein Orkan, Menschen, die einander glücklich in den Armen lagen, Euphorie und Ekstase. Aber so gut diese Spiele auch waren, so niederschmetternd sollten sie für Österreichs Ski-Herren enden. Erstmals in der Geschichte verließ jenes Team, das der Sportnation so oft Grund zum Jubeln geliefert hatte, ein Großereignis ohne eine einzige Medaille. So unglaublich das auch klingen mag, es gab tatsächlich kein einziges Mal Edelmetall für Benni Raich & Co. Ein historisches Debakel, das letztlich zu einer Radikalreform im Skiverband und etwa auch zur Ablöse des damaligen Herren-Cheftrainers Toni Giger führen sollte.

Endgültig besiegelt wurde diese peinliche Schlappe durch den letzten Bewerb, den Slalom. Raich verpasste um fünf Hundertstel Bronze, und der damals erst zwanzigjährige Marcel Hirscher wurde Fünfter. Natürlich mussten da die großen Bosse Rede und Antwort stehen. Sie wurden unzählige Male um Erklärungen und um Analysen dieser Pleite gefragt, angefangen von Verbandspräsident Peter Schröcksnadel und seinem Alpindirektor Hans Pum. Der Oberösterreicher, der im Zuge der vielen Saisonen im Weltcup-Zirkus, die wir gemeinsam erlebt hatten, zu einem guten Freund geworden war, hatte sich während des letzten Herrenbewerbs nicht im Zielgelände blicken lassen, also blieb mir nur der Griff zum Mobiltelefon: „Ja, Pum hier."
„Hans, wo bist? Schon geflüchtet vor dieser Megapleite?"

Eine ungewöhnlich lange Pause, dann folgende Worte: „Das soll bitte unter uns bleiben, aber ich bin heim nach Österreich geflogen, weil mein Sohn Raphael Krebs hat."

Ich war sprachlos vor Entsetzen. Das vermeintliche Witzeln über die Flucht vor der Pleite war vor diesem Hintergrund noch einmal peinlicher. Gestammelte Worte der Entschuldigung konnten mein schlechtes Gewissen und den maßlosen Ärger, den ich auf mich selbst hatte, nicht lindern. Es war einer der allerschlimmsten Momente in meinen fast dreißig Jahren als Sportreporter. Hans nahm mir diese idiotischen Worte keine Sekunde übel. „Das kannst

du ja nicht wissen", sagte er und fügte optimistisch, wie er zeit seines Lebens war, hinzu: „Es wird schon alles gut ausgehen."
Wenige Wochen danach sandte sogar der große Lionel Messi Genesungswünsche an den glühenden Barcelona-Fan Raphael, samt einem handsignierten Dress. Blaugrana natürlich, die weltberühmte mit blau-roten Streifen. Ich bin sicher, dass das Raphael viel Kraft auf dem Weg zu seiner Genesung gab. Mittlerweile ist Pum junior zum Glück längst wieder ganz gesund.

Hans Pum mit Sohn Raphael und den Genesungswünschen des großen Lionel Messi

VATER ALABA – DER PROPHET

Biberhaufenweg, 22. Wiener Gemeindebezirk. Dort ist die schmucke Anlage des SV Aspern. In der Kantine findet man Bilder von vor allem einem jungen dunkelhäutigen Spieler, und auch für jene, die nicht mit großem Fachwissen ausgestatten sind, ist klar, um wen es sich handelt: um David Alaba. Mit neun Jahren hat er dort zu spielen begonnen. Es sollte der Startschuss zu einer absoluten Weltkarriere werden. Nur rund ein Jahr später übersiedelte er bereits in den Nachwuchs von der Austria Wien, aus purem Zufall eigentlich, denn die Violetten hatten bei einem Match eigentlich einen ganz anderen Spieler beobachten wollen, sie waren von Alaba jedoch so begeistert, dass sie ihn sofort verpflichteten. Ein richtiger Riecher, könnte man im Nachhinein sagen.

2008, im Alter von nur 16 Jahren, wechselte der Donaustädter mit philippinischer Mutter und nigerianischem Vater zu einem der erfolgreichsten Klubs der Welt – zu Bayern München. Auch dort setzte er sich auf Anhieb durch und war über viele Jahre Stammspieler. Entsprechend beeindruckend ist auch seine Trophäensammlung. Zweimal hat er mit den Deutschen jeweils die Champions League, die Klub-WM und den UEFA-Supercup gewonnen, und gleich zehnmal den Meistertitel geholt sowie sechsmal den Pokal, also den deutschen Cup. Dazu kommen noch unzählige persönliche Auszeichnungen. So ist er etwa dreimal von den Lesern der Krone, der größten Tageszeitung Österreichs, zum Spieler des Jahres gewählt worden. Stets kam er extra nach Wien, um den Siegespokal persönlich entgegenzunehmen, und er löste bei der Gala dabei natürlich jedes Mal große Begeisterung aus. Trotz des Rummels ließ er geduldig Fotos mit sich machen oder erfüllte die ebenfalls zahlreichen Autogrammwünsche.

In all den Jahren gab es immer auch zahlreiche Spekulationen um mögliche Transfers. Nahezu alle europäischen Großklubs wie der FC Barcelona, Manchester City, Paris St. Germain und viele mehr kamen dabei ins Spiel. Auch bei einem Mittagessen mit seinem Vater George im Do & Co im Herbst 2017 ging es um einen möglichen Wechsel. George hielt sich dabei sehr bedeckt. „Es gibt Anfragen, das stimmt", zwinkerte er, „aber ich kann dir wirklich nicht mehr dazu sagen." Und dann fügte er leise an: „Bitte, schreib das nicht – aber ich bin mir sicher, dass er irgendwann bei Real Madrid landen wird."
Damals habe ich es natürlich für mich behalten, jetzt sieht die Sache anders aus: Im Mai 2021 präsentierten die „Königlichen" aus Spaniens Hauptstadt, der erfolgreichste Fußballklub aller Zeiten mit 13 Titeln in der Königsklasse, Alaba tatsächlich als neuen Spieler, was dessen Vater in gewisser Hinsicht zum Propheten machte.

Torjubel im Teamdress – so sehen Österreichs Fußballfans David Alaba am liebsten

DER PAPST UND DAS TAUFKETTERL

Frühjahr 2016. Ein Anruf des Skiverbandes: „Willst du nächste Woche mit nach Rom fliegen?"
„Wieso nach Rom? Warum?"
„Ja, nach Rom! Weil wir eine Privataudienz bei Papst Franziskus bekommen!"

Das klang fast wie ein Scherz, ein dummer Witz, wie ein Streich. Andererseits waren die guten Beziehungen diverser Verantwortlicher im Skiverband zum Vatikan bekannt, deshalb hatte es sogar schon einmal, nämlich in den Zeiten von Hermann Maier, eine derartige Privataudienz gegeben. Auch diese sollte nun tatsächlich stattfinden. Schon vor dem Abflug in Salzburg herrschte eine ganz spezielle Stimmung zwischen Andacht, Nervosität und gespannter Erwartung. Eine Audienz beim Papst hatten schließlich auch Stars wie Hannes Reichelt, Gregor Schlierenzauer und viele andere, die unbedingt ebenfalls dabei sein wollten, noch nie erlebt.

Ganz besonders aufgeregt war Romed Baumann. Wenige Tage vor der Reise war seine Tochter Magdalena zur Welt gekommen. Der Tiroler Skistar hatte deshalb ihr Taufketterl im Gepäck und fragte nahezu jeden: „Glaubst du, der Papst wird das segnen?" Vorstellen konnte sich niemand, dass die Delegation aus Österreich auch nur ansatzweise so nahe an Franziskus herankommen würde.

Das Bild am nächsten Morgen vor dem Hotel war jedenfalls höchst ungewöhnlich. All die Sportlerinnen und Sportler, die man sonst nur in Rennanzügen, Trainingsklamotten oder legerer Freizeitkleidung sah, hatten sich in feinsten Zwirn gehüllt, die Damen in ihre schönsten Festtagskleider, die Herren in dunkle Anzüge samt Krawatten. Bei der Fahrt zum Vatikan waren Nervosität und Anspannung noch deutlich größer als tags zuvor vor dem Abflug. Nach einer kurzen Besichtigung des Petersdoms und diverser anderer Sehenswürdigkeiten im Vatikan wurden wir in einen pompösen Raum geführt. Ein ebenso seriös wie streng wirkender Italiener mit schwarzer Kutte teilte genau ein, wer wo zu stehen hatte. „Ja nicht zu nahe zu dem Pult gehen, von dem aus der Papst zu Ihnen sprechen wird", sagte er noch. Nur wenige Minuten später betrat Papst Franziskus selbst den Raum. Er sprach mehrere Minuten lang und erweckte dabei den Anschein, sich ausgesprochen gut über den Skisport informiert zu haben. Er wusste deutlich mehr, als man vermuten hätte können. Nach der kurzen Ansprache verließ er das kleine Pult, um das zu tun, was in keinem Protokoll vorgesehen war: Er begrüßte jedes einzelne Mitglied der Delegation persönlich, und zwar mit Handschlag und mit zwei, drei Worten.
Baumann stand ziemlich am Ende der langen Kette, daher konnte er noch

rechtzeitig reagieren und das Taufketterl aus der Tasche seines Sakkos ziehen. Franziskus nahm es in die Hand und machte ein Kreuzzeichen darüber. Es ist wohl so ziemlich das einzige mit päpstlichem Segen, das es heute in ganz Österreich gibt.

Einzigartiges Erlebnis: Die ÖSV-Delegation auf Privataudienz bei Papst Franziskus.

DER GOLEADOR UND DER RÖTEL-SCHOCK

Für mich als gebürtigen Favoritner kam in der Kindheit nur die Austria als Lieblingsklub infrage, noch dazu, wo die Violetten in den Siebzigerjahren die mit Abstand beste Mannschaft des Landes hatten. Hier spielten Stars wie Prohaska, Baumeister, Obermayer, die Sara-Brüder und viele, viele mehr. Gekrönt wurde der Erfolg des Klubs mit dem Einzug ins Finale der Cupsieger im Jahr 1978. Noch nie zuvor hatte ein Team aus Österreich ein Endspiel eines Europacup-Bewerbs geschafft.

Die Fußballbegeisterung wurde dadurch natürlich noch größer, und vor der wenig später stattfindenden WM 1978 wuchs sie geradezu ins Unermessliche, schon weil auch die österreichische Nationalmannschaft damals höchst erfolgreich war. Jede Sekunde der Spiele verfolgte ich im Fernsehen – und dann kam der Schock in Form einer Kinderkrankheit, den Röteln. Mit den Röteln, hieß es, durfte man vor allem eines nicht: fernsehen! Ich bettelte und flehte, bis die Eltern schließlich nachgaben. Eingehüllt in eine Decke, obwohl es brütend heiß war, und mit einer Kappe sowie einer dunklen Sonnenbrille durfte ich den Schlager gegen Deutschland verfolgten, der mit dem sensationellen 3:2 für Österreich enden sollte. Cordoba ist seit damals eine Art Mythos unter österreichischen Fußballfans. Vor allem ein Mann zeichnete sich aus: Hans Krankl, der zwei Tore erzielt hatte. Von da an war er ein Held, auch für mich, und das, obwohl er beim Erzrivalen der Violetten, bei Rapid, spielte.

Viele Jahre später traf ich ihn zum ersten Mal persönlich. Als junger Reporter berichtete ich damals vom Zweitligisten SV Gerasdorf, der Krankl als Trainer verpflichtet hatte. Ich war nervös und meine Knie zitterten ein wenig vor dem ersten Interview. Schnell stellte sich jedoch heraus, dass wir einander sehr sympathisch waren. Immer wieder kreuzten sich seit damals unsere Wege, auch im Jahr 2019, als mir die Ehre zuteil wurde, ihn bei der Galanacht des Wienersports für sein Lebenswerk auszuzeichnen.

Dafür brauchte ich jedoch noch einige persönliche Informationen, also rief ich ihn an: „Können wir uns in den nächsten Tagen einmal kurz treffen?“
Die Antwort kam wie aus der Pistole geschossen: „Sicher, komm doch morgen Vormittag auf den Wienerberg-Platz!“
Das kam überraschend. Wienerberg ist ein kleiner Verein im Süden Wiens. Was hatte Krankl mit dem zu tun? Er erklärte sofort: „Wir spielen jeden Samstag mit ein paar Freunden ein lockeres Match. Wenn du kommst, schau ich diese Woche nur zu, und wir können plaudern.“
Am nächsten Tag regnete es ziemlich stark. Trotzdem spielten an die zwölf Mann ihr Match. Hans Krankl ging mit einem Regenschirm rund um den

Platz und gab hin und wieder Anweisungen. Als er mich sah, kam er sofort herüber zu mir und meinte: „Die Plätze sind zwar feucht, aber das halten wir schon aus." So plauderten wir auf einer kleinen Holzbank über sein Leben. Normal war das unvorstellbar für einen Mann, der ein Star seines Kalibers war, es war jedoch ganz typisch für Krankl. Trotz seiner Erfolge, die ihn sogar zum FC Barcelona gebracht hatten, war er immer ganz zugänglich, bodenständig und bescheiden geblieben. Einfach ein Mensch.

Legenden unter sich: Hans Krankl, Toni Polster, Herbert Prohaska und Andreas Herzog (v. li.)

NUR DER FRISEUR HIELT DEN PRÄSIDENTEN VOM ANRUF AB

In Österreich geht man mit Niederlagen grundsätzlich meist behutsamer um als anderswo. In Deutschland etwa ist man da deutlich schonungsloser. Unvergessen etwa, als das Massenblatt Bild nach einer Niederlage beim Fußball alle Spieler in einer Flasche abbildete. Der fett gedruckte Titel drüber: „Ihr seid elf Flaschen!"

Zwei Sportarten können aber auch hierzulande nationalen Katzenjammer auslösen. Schmerzhafte Debakel des Fußballteams oder auch lange sieglose Serien der Skiherren. Was das angeht, wurde ein absoluter Tiefpunkt im Dezember 2006 auf der berühmten Gran Risa in Alta Badia erreicht. Schon im ersten Lauf waren bis auf einen alle Österreicher ausgeschieden. Nun lag es an Benni Raich, die Skiehre wenigstens halbwegs zu retten. Der Tiroler war Dritter nach dem ersten Lauf und auch im zweiten wieder schnell unterwegs, freilich nur bis zu seinem Einfädler im unteren Streckenabschnitt. Cheftrainer Toni Giger stand im Zielraum und schlug entsetzt die Hände über dem Kopf zusammen: „Jetzt ist es passiert!" Er wusste schon, was auf ihn und das Team jetzt zukommen würde. „Jahrtausend-Debakel", „Die totale Pleite" und so weiter lauteten die Schlagzeilen, die er danach zu lesen bekam. Kein einziger Österreicher unter den Top 30: Das hatte es in der langen, bislang so erfolgreichen Skigeschichte nur höchst selten gegeben. Etwas besser verlief der Slalom in Wengen im Jahr 2011, jedoch auch alles andere als zufriedenstellend. Kein Österreicher landete auf dem Podest, dafür aber Fritz Dopfer. Das war insofern eine höchst interessante Geschichte, als der nunmehrige Deutsche bis zu seinem 19. Lebensjahr für Österreich gestartet war und sogar über die Juniorentitel in Slalom und Riesentorlauf hatte jubeln können. Irgendwann sah der gebürtige Tiroler in Österreich jedoch keine Perspektiven mehr, und da sein Vater Deutscher war, wechselte er zum deutschen Skiverband.

Grund genug, damals in Wengen genüsslich zu hinterfragen, wie man denn so einen ziehen hatte lassen können. Einen, der eben alle aus dem rot-weiß-roten Team geschlagen hatte. Wohlwissend natürlich, dass – wie immer bei solchen Themen – eine entsprechende Reaktion des Verbandes nicht lange ausbleiben würde. Meist kam sie von oberster Stelle, also von Präsident Peter Schröcksnadel oder von seinem Sportdirektor Hans Pum.

So auch am nächsten Tag. Knapp vor zehn Uhr leuchtete auf dem Display meines Mobiltelefons Schröcksi auf. So hatte ich ihn nach unserem ersten Kennenlernen Ende der Neunzigerjahre eingespeichert, bei dem er mir sofort das

Du-Wort angeboten hatte. Der Anruf überraschte mich nicht aus genannten Gründen.
„Guten Morgen, Presidente, ich habe eigentlich schon vor neun mit dir gerechnet.“

„Ich hätte mich ohnehin viel früher gemeldet, aber ich war beim Friseur“, antwortet er, um dann zu erklären, dass er Dopfer nie weggehen lassen wollte. Präsidenten machen eben nur höchst selten Fehler …

Der langjährige ÖSV-Präsident Peter Schröcksnadel (li.) mit „Krone“-Herausgeber Dr. Christoph Dichand

NEIN, DOMINIC, SO WIRD DAS NICHTS!

Im Herbst 2001 verstarb Hermann Fuchs, der langjährige Tennisexperte der Krone, überraschend. Und obwohl mein Kollege und Freund Peter Moizi bis dato nichts mit diesem Sport am Hut gehabt hatte, rein gar nichts, schien es trotzdem klar, dass er der geeignete Mann dafür sein würde – weil er sympathisch wirkte, auf Menschen zuging und sich rasch mit allen anfreundete, etwa mit Stefan Koubek, der damaligen Nummer eins im heimischen Tennis, oder mit dessen Trainer Günter Bresnik. Letztere ließen binnen kürzester Zeit in Moizis Herz das Tennisfeuer erbrennen – lichterloh. In einem solchen Maße, dass er auch selbst zu spielen begann, und zwar so besessen, dass er mich ein paar Jahre später in den Morgenstunden seiner Hochzeitsnacht zu einem Duell forderte. Er hatte auf einem Anwesen in der Toskana geheiratet, das einen wunderschönen Garten mit Pool hatte und eben auch einen Tenniscourt.

Wir betraten ihn, als die Sonne noch nicht einmal aufgegangen war. Ich hatte schon in Kindheitstagen das Racket geschwungen und spielte damals für einen Hobbyspieler ziemlich gut. Es ging deshalb nicht um den Gesamtsieg, sondern lediglich darum, ob er ein Game gewinnen könnte.
In der Mitte des vierten Satzes, es war erst kurz nach sieben, tauchten seine Eltern auf und schlugen ob des Treibens ihres Sohnes, des frischgebackenen Ehemannes, entsetzt die Hände vor dem Gesicht zusammen. Wenig später kam auch Eva, die glückliche Braut, in der die ersten Zweifel aufstiegen. Was habe ich mir da nur angetan?, fragte sie sich wohl, als es immer heißer wurde und ihr Mann auch nach neun gespielten Sätzen kein Game gewonnen hatte. Es stellte sich nun auch als Fehler heraus, dass er mir zu meiner Hochzeit damals Trainerstunden bei Günter Bresnik geschenkt hatte. Letzterer galt damals als Genie und als einer der größten Experten unter den Tennistrainern dieser Erde. Unter anderem hatte er mit Superstars wie Boris Becker gearbeitet. Und selbst das Spiel blutiger Amateure verbesserte er rasch, so sagte man zumindest.

Wenn er einmal selbst keine Zeit hatte, sprang seine rechte Hand für ihn ein. Das war kein anderer als Wolfgang Thiem, der sympathische, etwa gleichaltrige Niederösterreicher, der sehr geduldig war. Als er mich trainierte, blickte ich nur selten auf den Nebenplatz, auf dem dann meist Bresnik ein angebliches Megatalent coachte, seinen Sohn Dominic – dabei wäre es durchaus reizvoll und sogar lehrreich gewesen, zuzusehen. Der blutjunge Bursche zog so gut wie jeden Schlag ganz durch, völlig egal, ob Vorhand oder Rückhand. Und wenn er das einmal nicht tat, holte ihn Bresnik ans Netz, selbst wenn der Ball trotzdem im Feld gelandet war, auch wenn er in seinen Augen viel zu langsam gespielt worden war. „Dominic, ich habe dir tausendmal gesagt, dass das so nicht geht. Ich will, dass du auf jeden Ball voll draufgehst, auf wirklich jeden."

„Günter, bist du nicht ein wenig zu streng mit ihm?", fragte ich ihn dann eines Tages bei einem gemütlichen Abendessen. Die Antwort war von einem entschlossenen Kopfschütteln begleitet: „Ich weiß, das wirkt auf viele so. Aber du wirst selbst erleben, was das bewirkt."

Diese Worte kamen mir viele Jahre später in der 02-Arena von London wieder in Erinnerung, als Dominic Thiem, der zarte Bursche von damals, längst in der Weltklasse gelandet war – und im November 2019 beim Masters in einem der mitreißendsten Matches, das die Tenniswelt je miterlebt hatte, einmal mehr Novak Djokovic in die Knie zwang. Er wurde von 20 000 vornehmlich englischen, völlig euphorischen Fans enthusiastisch bejubelt.

Superstar Dominic Thiem in London, wo er 2019 beim Masters mit einem denkwürdigen Match begeisterte.

EINE ROTZFRECHE ANSAGE VON HIRSCHER

Der US-Bundestaat Colorado steht für vieles: für die imposanten Rocky Mountains natürlich, für das Grab des legendären Buffalo Bill, das auf dem Weg von Denver nach Westen von nahezu allen Touristen regelmäßig besucht wird, für seine Einwohner, die oft ziemlich extreme Ansichten haben und von denen für viele der Besitz einer Schusswaffe fast zum guten Ton gehört, aber auch für seine ausgezeichneten Steak-Restaurants. Fast an jeder Straßenecke ist eines davon zu finden. Die meisten sind so geräumig, dass auch größere Gesellschaften locker Platz dort finden – ideal für den Weltcup-Tross. Jahr für Jahr verabreden sich einzelne Gruppen, um ein herzhaftes Filet, ein Entrecôte oder Ähnliches genießen zu können.

So auch während der Rennen in Beaver Creek im Herbst 2009. Das Abendessen fand gleich zu Beginn der Woche statt, was auch für die Riesentorläufer, die ihr Rennen auf der berühmten Birds of Prey immer erst am Sonntag hatten, eine mehr als willkommene Abwechslung bedeutete. Vor Mittwoch brauchten sie sich schließlich noch nicht akribisch auf ihren Auftritt zu konzentrieren. Somit waren neben einigen Betreuern und drei, vier Journalisten auch Philipp Schörghofer und der damalige Jungstar Marcel Hirscher dabei. Ihm wurde damals schon von vielen eine erfolgreiche Zukunft vorhergesagt, Weltcup-Rennen hatte er zu diesem Zeitpunkt allerdings noch nicht ein einziges gewonnen.
Die Atmosphäre war gemütlich, die Stimmung locker. Nachdem Hirscher einem der Journalisten mit einer ziemlich frechen Antwort auf eine Frage gekommen war, meinte dieser: „Ein Mundwerk hast du schon wie der Hermann Maier, jetzt müsstest du nur noch so viel gewinnen wie er."

Der damals gerade einmal zwanzigjährige Salzburger konterte wie aus der Pistole geschossen: „Genau das wäre das Ziel!"

Jetzt saßen alle mit offenem Mund da. Sprachlos. Hermann Maiers Erfolgsbilanz umfasste schließlich zwei Olympiasiege, drei WM-Titel und 54 Einzeltriumphe im Weltcup. So gesehen, erschien Hirschers Antwort mehr als nur frech, ja rotzfrech sogar. Er wusste natürlich, wie sehr er damit provoziert hatte. Schmunzelnd saugte er all die erstaunten Reaktionen auf. Eines ahnte damals er selbst nicht, nämlich dass er seinen Landsmann in Sachen Erfolg sogar übertreffen würde, und zwar mit ebenfalls zwei Olympiasiegen, sieben WM-Titeln und 67 Erfolgen in Weltcup-Rennen.

Märchenhafter Ausblick: Der achtfache Gesamtweltcupsieger Marcel Hirscher in seiner Heimat

MESSI IN BADESCHLAPFEN – UND EIN RETTENDES SOFA

Die Fußball WM in Brasilien war verbunden mit unendlich vielen Inlandsflügen. Unser Hauptquartier – hier teilte ich mir ein Appartement mit Kollegen Peter Klöbl – war ganz in der Nähe der berühmten Copacabana von Rio de Janeiro. Von dort ging es zu zahlreichen Spielen in andere Städte: Manaus, Salvador de Bahia, Brasilia und so weiter und so fort. Freilich waren für uns auch die Spiele der Argentinier Pflicht, schon alleine wegen Superstar Lionel Messi. Von Rio nach Belo Horizonte ist es nicht sonderlich weit. Der Abflug war deshalb zeitig in der Früh geplant, der Rückflug für den Abend. Dazwischen war totale Ekstase: Das ganze Stadion erstrahlte in Blauweiß, den berühmten Farben der Albiceleste. Allein das Match konnte da nicht mithalten. Statt des erhofften Feuerwerks gegen den Iran gab es viel Ballgeschiebe und Fadesse. Auch Messi blieb für seine Verhältnisse ziemlich blass. Das entscheidende 1:0 erzielte er aber trotzdem. Wer auch sonst?

Danach, bei der Pressekonferenz, warteten alle auf den Superstar. Er kam schließlich in T-Shirt, Shorts und in Badeschlapfen. Als er den Raum betrat, sprangen die argentinischen Journalisten trotz der im Grunde enttäuschenden Vorstellung auf und bedankten sich bei „ihrem" Lionel mit Standing Ovations. Er wurde natürlich zum Man of the Match gewählt. Und auch Argentiniens Teamchef Alejandro Sabella schwärmte einmal mehr: „Mit Messi ist fast alles möglich. Zum Glück ist er Argentinier!"

Diese Worte, die die grenzenlose Verehrung so vieler Menschen zum Ausdruck gebracht hatten, waren auch noch bei der Rückkehr nach Rio tief in meinem Kopf verankert. Weil es am nächsten Tag ausnahmsweise etwas ruhiger war, ging es dort noch nach Lapa, in jenes Viertel, das für seine Samba-Klubs berühmt war. Die Schlangen vor den Klubs waren endlos, und beim Eingang war dann Endstation für mich: Das Geld, die Appartementschlüssel, einfach alles weg. Entgegen den strikten Empfehlungen, alles immer möglichst sicher aufzubewahren, hatte ich sie nach dem Essen achtlos in die Jackentasche gesteckt. In der Drängerei beim Anstellen musste sie mir jemand gestohlen haben. Zum Glück waren wenigstens die Bankomat- und die Kreditkarte gut in den Schuhen versteckt gewesen. Dennoch gab es bei der Rückkehr zum Appartement an der Copacabana eine böse Überraschung. Kollege Klöbl war noch nicht zurück in Rio, und der junge Bursche an der Rezeption, der kein Wort Englisch sprach, gestikulierte auf die Frage nach einem Ersatzschlüssel nur wild herum: „No, no, no, no!", war seine Antwort auf meine doch dringliche Frage. Ich musste mir wohl oder übel irgendwo ein Hotel-

Superstar Lionel Messi, im Sommer 2021 nach Paris zum Millionenklub St.-Germain gewechselt

zimmer organisieren, was sich als Ding der Unmöglichkeit herausstellte. Was jetzt? Auch wenn es recht warm war, war an eine Nacht auf der Straße nicht zu denken. Das war viel zu gefährlich. Zum Glück kam mir das kleine schwarze Sofa, das im Eingangsbereich des Appartementhauses stand, in den Sinn. Besser dort schlafen als irgendwo auf der Straße. Die Nacht war kurz, weil die Putzfrauen bereits um sieben Uhr den ungebetenen Gast recht unsanft weckten. Viel länger dauerte es, bis der Kollege wieder nach Rio zurückkam und somit die Tür zum Appartement endlich wieder offen war. Ein Ersatzschlüssel ist übrigens nie aufgetaucht.

Während der Weltmeisterschaft 2014 drehte sich in Brasilien wochenlang alles um Fußball.

DER BESCHIMPFTE, DER RASCH ZUM FREUND WURDE

Die Ski-Weltmeisterschaft 2007 gestaltete sich anfangs recht mühsam, höchst mühsam sogar: bittere Kälte, Nebel, Schneestürme. Wenn man vor dem Hotel eine Zigarette rauchen wollte, froren einem die Finger fast binnen Sekunden ein. Ja, oft sogar der Rauch. Die Rennen wurden ständig verschoben, und als sie dann endlich doch gefahren werden konnten, blieben die österreichischen Erfolge großteils aus, etwa bei der Abfahrt der Herren, bei der Mario Scheiber als Bester des rot-weiß-roten Teams gerade einmal Platz acht belegte – eine kräftige Watsche für die Alpinnation Nummer eins.

Wetter schlecht, Ergebnisse schlecht – logisch, dass da bei vielen die Stimmung im Keller war, auch bei jener Radioreporterlegende, die an besagtem Abfahrtstag spätabends mit dem jungen Kollegen an der Bar des berühmten Bygett von Aare stand und versuchte, den Ärger über die schlimme Niederlage mithilfe von ein paar Gläsern Weißwein zu vergessen oder wegzuspülen. Irgendwann gesellten sich ein paar Betreuer des Skiverbandes zu uns, darunter auch der damalige Alpindirektor Hans Pum, den er natürlich aus vielen gemeinsamen Weltcup-Jahren gut kannte. Der Radio-Mann begann mit seiner messerscharfen Analyse: Wer denn nicht aller Schuld tragen würde an solchen Ergebnissen, was man schleunigst verbessern müsse und so weiter. Schließlich kam er zu dem Schluss: „Solche Leute wie der Jürgen Kriechbaum gehören weg, und zwar rasch." Dazu muss man wissen, dass der Trainer aus Oberösterreich damals noch recht jung war und bis zu diesem Tage eigentlich alles andere als erfolglos. Unbeirrt setzte er seine Wutrede fort, obwohl ich ihm unmissverständlich zu verstehen gab, dass das nicht gerade der beste Moment war. Endlich wurde es auch Pum zu viel, und er flüsterte dem Reporter ins Ohr: „Weißt du eigentlich, dass Jürgen Kriechbaum da links neben mir steht und alles mithört, was du so sagst?" Plötzlich Stille. Die aufsteigende Röte im Gesicht des Reportes leuchte selbst in der Dunkelheit der schummrigen Bar. Er ging zu Kriechbaum und meinte: „Sorry, so ernst habe ich das ja nicht gemeint, das weißt du eh – oder?" Die beiden begannen daraufhin zu plaudern und schienen sich von Minute zu Minute besser zu verstehen. Der Abend sollte für sie jedenfalls noch einige Zeit dauern.

Als nur wenige Tage später die Herren auch im Riesentorlauf erfolglos blieben, analysierte der Radio-Mann an genau demselben Ort die Ergebnisse wieder. Abermals wütend, abermals enttäuscht, abermals messerscharf, jedoch kam er zu einem ganz anderen Ergebnis: „Die brauchen möglichst rasch einen neuen Cheftrainer! Und wisst ihr, wer der mit Abstand Beste wäre? Jürgen Kriechbaum!"

Hobby-Pilot Hannes Reichelt jubelte unter Trainer Jürgen Kriechbaum über seinen ersten Triumph im Weltcup.

WAS BRAUCH MA HEUTE, HERR KRONE?

Es gab seit jeher gewisse goldene Regeln bei der Krone. Eine davon betraf etwa Niki „Nationale“ Lauda. Mit diesem durfte, wenn es in Interviews oder diversen Aussagen über die Königsklasse des Motorsports ging, im Normalfall nur Formel-1-Experte Heinz Prüller sprechen. Sonst keiner – der Star mit dem Star sozusagen. Und niemand hätte auch nur daran gedacht, dieses ungeschriebene Gesetz zu brechen.
Umso überraschender war damals eines Tages somit die Frage des Sportchefs Christoph Wikus: „Frauni, können Sie bitte den Lauda anrufen? Er soll eine führende Funktion bei Mercedes übernehmen. Da ist die Nummer, schreiben Sie sie auf, bitte!“

Der Name Lauda hatte mich eigentlich die ganze Kindheit über begleitet, und der 1. August 1976 ist noch heute einer der ersten Tage meines Lebens, an den ich mich ganz deutlich erinnere: Ich fuhr mit meinen Eltern in den Urlaub nach Kärnten, und zwar in einem klapprigen Renault 12, orange mit schwarzen Kotflügeln – er war hässlich eigentlich, heute ist er längst legendär. Kurz nachdem wir aufgebrochen waren, kam folgende Nachricht im Radio: „Die Reichsbrücke in Wien ist eingestürzt.“ Meine Eltern waren entsetzt, ja völlig fassungslos. Wir Kinder erschraken furchtbar. Bedeutete das, dass da Menschen ums Leben gekommen waren? Wir alle hatten uns von unserem Schock noch nicht erholt, als am selben Tag nur ein paar Stunden später die nächste Horrornachricht die Runde machte: „Fürchterlicher Feuerunfall von Niki Lauda auf dem Nürburgring!“ Lauda hat ihn bekanntlich wie durch ein Wunder überlebt und wurde danach sogar noch zweimal Weltmeister in der Formel 1 und zu einer Stimme Österreichs, auf die man hörte. Sein Wort hatte bis zu seinem Tod im Jahr 2019 wirklich Gewicht.

All das ging mir vor dem Anruf durch den Kopf. Wie würde er reagieren auf einen jungen Journalisten, dessen Namen er vermutlich nie zuvor gehört hatte. Würde er überhaupt mit mir sprechen? Bereits nach dem zweiten Klingeln hob er ab: „Lauda.“
„Hier Peter Frauneder von der Kronen Zeitung! Der Heinz Prüller kann heute nicht, deshalb müsste ich Sie etwas fragen.“
„Bitte gern, was brauchen Sie?“
Er gab mir daraufhin Auskunft, wie man es besser und perfekter kaum hätte tun können: detailliert, informativ, interessant. Eigentlich waren keinerlei Zwischenfragen nötig, um zu erfahren, was man erfahren wollte. Typisch für Lauda. Er war ein Profi in jeder Hinsicht, auch im Umgang mit den Medien.

Nur eineinhalb Wochen später sollte es bereits zum nächsten Anruf kommen, weil Mr. Formel 1, Heinz Prüller, aus gesundheitlichen Gründen immer noch verhindert war. Hatte Lauda sich den Anrufer gemerkt? Hatte er sich die Nummer gespeichert? Es klingelte wieder nur zweimal, bis er mit den Worten „Was brauch ma diesmal, Herr Krone?" abhob. Den Namen seines Gesprächspartners hatte er wohl vergessen. Nur, dass diese Nummer zu einem Jungspund der größten Tageszeitung des Landes gehörte, das hatte er gewusst.

Niki Lauda mit Daniel Ricciardo und dem ehemaligen Bundespräsidenten Heinz Fischer (re.)

Stars in Kitzbühel: Hansi Hinterseer, Karl Schranz, Franz Klammer, Niki Lauda und Stephan Eberharter (v. li.)

ALS WALCHHOFER FAST DIE SIEGEREHRUNG BEI DEN OLYMPISCHEN SPIELEN VERPASSTE

Die Abfahrt bei den Olympischen Spielen im Jahr 2006 war ein ganz spezielles Rennen. Österreichische Favoriten wie Fritz Strobl, der vier Jahre davor in Salt Lake City Gold geholt hatte, oder auch Superstar Hermann Maier waren geschlagen. Dennoch führte mit Michael Walchhofer einer aus dem rot-weiß-roten Team, noch dazu recht überlegen. Der Hüne aus Zauchensee war schon die ganze Saison über in sehr guter Form gewesen. Startnummer 10 trug er damals. Keiner kam auch nur annähernd an seine Zeit heran. Es „roch" förmlich nach Gold. Reporter baten ihn deshalb schon um Interviews, er wollte jedoch lieber abwarten, auf Nummer sicher gehen.

Sein Salzburger Landsmann Maier gab dagegen längst welche, da er, wie erwähnt, ohnehin keine Chance mehr auf eine Medaille hatte. Als sich oben auf dem Berg Antoine Dénériaz mit Startnummer 30 und somit als Letzter der Top-30 der Weltrangliste aus dem Starthaus stürzte, stand der Herminator gerade bei der gar nicht so kleinen Schar österreichischer Journalisten. Es leuchtete grün auf. Bestzeit für den Franzosen im oberen Teil. „Aber keine Angst, der verliert jetzt sicher immer mehr!", meinte Maier felsenfest überzeugt.

Dazu muss man wissen, dass Dénériaz einer der besten, wenn nicht der allerbeste Gleiter der Welt war, jedoch auf technisch schwierigen Abfahrten oft so seine Probleme hatte, und technisch schwierig war der untere Streckenabschnitt der Abfahrt von Ses-triere allemal.

Ausgerechnet an diesem Tag hatte er keine Probleme. Im Gegenteil: Er wurde sogar immer schneller und siegte letztlich klar. Der vermeintliche Triumphator Walchhofer hatte somit nur Silber. Irgendwo fast enttäuschend, zumal Gold schon so gewiss erschienen war.

Die Schlagzeilen zu verfassen war gar nicht leicht. Jubel oder doch Enttäuschung? Als endlich alles fertig war, hielt auf dem Weg zum Hotel ein riesiger Audi neben dem Gehsteig: „Peter, komm mit!" Der Chauffeur war Roberto Brunner, der PR-Betreuer des österreichischen Teams, der davor viele Jahre Manager des großen Alberto Tomba gewesen war. Neben ihm saß Walchhofer, hinter ihm Strobl. Der Silberne und der Goldene der letzten beiden Olympia-Abfahrten. Brunner führte uns zu seinem Stammitaliener in Sestriere, der natürlich außer sich vor lauter Glück war, weil er plötzlich so prominente Gäste hatte. Sofort schenkte er jedem von uns eine Flasche edelsten Rotwein, die natürlich als Andenken an diesen Tag von den beiden Stars signiert werden musste. Und dann begann er, all seine Köstlichkeiten zu kredenzen, ohne Pause gewissermaßen. Es war so gemütlich, dass wirklich keiner auch nur eine Sekunde ans Gehen dachte. Nur das stete Schrillen von Brunners Handy störte ständig. Immer wieder und immer wieder versuchten ihn Verantwortliche des Skiverbandes oder Organisatoren zu erreichen, weil nämlich die Siegerehrung schon unmittelbar bevorstand und von Walchhofer nichts zu sehen war. Irgendwann konnten sich die beiden schließlich losreißen, und der Zauchenseer bekam seine Silberne doch noch überreicht.

Der signierte Rote von damals steht übrigens immer noch im Weinschrank in meinem Wohnzimmer. Fraglich ist, ob man ihn so viele Jahre später noch trinken kann. Aber vielleicht ist es ohnehin vernünftiger, er bleibt dort, wo er ist – als Erinnerung an einen aufregenden Tag.

Michael Walch-hofer stößt sich in die Olympi-aabfahrt 2006 ab – es sollte eine Fahrt zu Silber werden.

STÖGER – AUCH IN DEUTSCHLAND EIN GEFEIERTER STAR

März 1993: Vorstellungsgespräch bei der Krone. Eingefädelt von der ORF-Reporterlegende Hans Huber, der wusste: Sportjournalist ist der Traumberuf! Josef „Joe" Langer, damals zuständig für den Wiener Fußball, nahm den ersten Eignungstest vor. Nach rund einer Stunde mit allen möglichen Fragen meinte er: „Komm einmal mit zu FavAC gegen Mödling, dann schauen wir, ob du dich im Fußball wirklich auskennst."

Ausgerechnet der FavAC, jener Klub, an dem mein Herzblut hing. Schließlich war ich ja ein geborener Favoritner. Ich brach also aus – wie ich betonen möchte – beruflichen Gründen auf zu dem kleinen Platz an der Laaerberg Straße, den ich zuvor so oft als Fan besucht hatte. Voller Stolz hielt ich den Zettel in der Hand, der mir den Zutritt als Journalist ermöglichen sollte. Nervös war ich auch. Das legte sich aber, als der Mann am Eingang sagte: „Du bist also der Neue von der Krone. Komm, trinken wir einmal einen Kaffee." Es war niemand Geringerer als Ernst Heinschink, seines Zeichens eine Berühmtheit im Wiener Fußball. Er lebte für diesen Sport, wie Tochter Andrea heute noch mit hörbarer Hochachtung erzählt. Und er hatte das, was man auf gut Österreichisch „Gspür" nennt, das Gefühl für Talente, die er gleichermaßen erkannte wie förderte.

Eines dieser Talente war Peter Stöger, dessen Karriere beim FavAC begonnen hatte. Er sollte ein großer, ein herausragender Spieler werden. Das dokumentieren alleine seine 65 Einsätze für die Nationalmannschaft. Fast noch erstaunlicher war seine Karriere als Trainer. 2013 machte er die Austria Wien gegen die vermeintlich übermächtigen Bullen aus Salzburg zum Meister. Das war sein Sprungbrett nach Deutschland, zum Kultklub 1. FC Köln, um genau zu sein. Letzteren führte er binnen kürzester Zeit zurück in die höchste Liga, und nicht nur das: Er brachte ihn nach 25-jähriger Abstinenz sogar wieder in den Europacup. Im Mai 2017 kam der Urfavoritner, der in all den Jahren zum Freund geworden war, dann zur Feier meines fünfzigsten Geburtstages, zu dem eigentlich nur Kollegen aus der Sportredaktion und unsere prominenten Kolumnisten eingeladen waren. Darunter auch Uli Kriegler, Stögers langjährige Lebensgefährtin. Die beiden wohnten unweit und kamen mit dem Rad. Peter hatte ein ganz besonderes Geschenk mit: eine Einladung nach Köln – samt Matchbesuch für das Spiel in der Europa League gegen Arsenal. Der 1. FC Köln war zu dieser Zeit allerdings im Keller der deutschen Bundesliga. Umso erstaunlicher, dass auf der Fahrt ins Stadion in der Straßenbahn dennoch fast unentwegt Sprechchöre für den österreichischen Trainer zu hören waren: „Es gibt nur einen Peter Stöger, nur einen Peter Stöger." Und so weiter und so fort. Ein Fan erklärte voller Überzeugung:

„Die Spieler sind schlecht, der Trainer kann nichts dafür!"

Noch größer war die Begeisterung rund um den Wiener, der auch in Deutschland ein gefeierter Star war, dann freilich nach dem Match. Dank einer ausgefeilten Taktik und mithilfe seiner Mannschaft erzielte der Stratege unter den Trainern ein sensationelles 1:0 über die legendären Kanoniere aus London. Grandios. Typisch Stöger halt.

Mit Austria Wien holte Trainer-Stratege Peter Stöger 2013 sensationell den Meistertitel in Österreich.

ZWEI SKISTARS IM GEFÄNGNIS

Im Jahr 1998 fanden im Nobel-Skiort Aspen die Speed-Rennen der Herren statt. Mit dabei waren alle Stars des damals so schlagkräftigen österreichischen Teams. Letzteres sorgte auch für einen historischen Triumph: Stephan Eberharter, Hermann Maier, Christian Mayer, Rainer Salzgeber und Hans Knauß konnten sich über einen rot-weiß-roten Fünffacherfolg freuen.

Maier und sein Freund Andreas Schifferer, der in der Saison zuvor mit nur 23 Jahren den Abfahrtsweltcup gewonnen hatte, trafen am Abend mit ein paar Journalisten zusammen. Darunter waren auch zwei, die schon viele Jahre mit dem Weltcup-Tross unterwegs gewesen waren. Sie erzählten den beiden Skistars von vergangenen Zeiten, aus der Ära eines Franz Klammer oder Werner Grissmann. Sie berichteten von unzähligen Anekdoten und Geschichten, die es abseits der Pisten gegeben hatte, und betonten: „Es war alles viel lockerer damals, nicht so gezwungen wie jetzt. Man traf die Läufer an den Bars, führte Schmäh und so weiter."

Dass sie im Gegensatz dazu als etwas langweilig angesehen wurden, wollten Maier und Schifferer nicht so auf sich sitzen lassen. Offenbar hatte sie das angespornt. Jedenfalls betraten sie auf dem Heimweg eine Baustelle und setzten dort einen Bagger in Betrieb. Es dauerte natürlich nicht lange, bis Autos mit Blaulicht und lauten Sirenen wegen des plötzlichen nächtlichen Lärms auf dem Weg zur Baustelle waren. Die beiden bemerkten das zwar sehr rasch, hatten jedoch kein unwesentliches Problem: Sie konnten den Bagger nicht wieder abstellen. Deshalb sprangen sie einfach herunter, schnappten sich zwei Räder, die an ein sich gerade im Bau befindliches Gebäude angelehnt waren, und wollten flüchten. Erfolglos natürlich. Nach wenigen Metern nur stoppte sie die Polizei.

Am übernächsten Tag erschien eine große Schlagzeile auf der Seite 1 der Aspen Times: Österreichische Skistars im Gefängnis! Die Geschichte schlug natürlich hohe Wellen. ORF-Star Rainer Pariasek moderierte damals die tägliche Sportsendung um 20 Uhr. Er versuchte sein Glück, rief im Hotel der Österreicher in Colorado an und bat, ins Zimmer von Maier und Schifferer durchgestellt zu werden. Maier hob nach nur zweifachem Läuten tatsächlich ab. „Hallo, Hermann, Rainer Pariasek spricht. In der Aspener Zeitung steht, dass du und der Andi im Gefängnis gewesen seid. Was ist da dran?"
Die Antwort kam ohne Zögern: „Ja, aber nur für eine Nacht, weil wir in Aspen mit einem Fahrrad getürmt sind."

Natürlich waren am nächsten Tag auch alle österreichischen Zeitungen voll mit der Geschichte, die Gott sei dank glimpflich ausgegangen war, aber dennoch gewisse Probleme nach sich zog: Im Februar 1999 stand die Weltmeisterschaft in Vail auf dem Programm, und Maier und Schifferer hätten wegen des Vorfalls beinahe nicht wieder in die Staaten einreisen dürfen. Nur aufgrund intensivster Interventionen des damaligen Alpindirektors Hans Pum, der im Vorfeld extra in die USA flog, um mit den Behörden zu verhandeln, war das dann doch möglich – und Maier wurde mit Gold im Super-G und der Abfahrt zum Superstar der WM.

Ski-Superstar Hermann Maier, 1999 Doppel-Weltmeister, im Interview mit der „Krone"

EIN LEBEN ZWISCHEN GENIE UND WAHNSINN

Er war damals erst 21 und trotzdem schon als Enfant terrible bekannt, als einer, der schwer zu zähmen war. Es war Ende August, als sein Wechsel von Inter Mailand zu Werder Bremen ebendort einschlug wie eine Bombe. Deutsche Medien wollten ihn wegen diverser vorangegangener Eskapaden zum Buhmann machen. Arnautovic antwortete, wie er nicht besser antworten hätte können: mit zwei Toren und einem Assist gegen Köln.
Gleich danach rückte er ins Camp des U21-Teams In der Therme Linsberg Asia in Bad Erlach ein. Dort sollte es zum großen Interview kommen, das der damalige Teamchef Andi Herzog eingefädelt hatte. Aber vorher hieß es warten, weil Arnautovic zu spät draufgekommen war, dass sein Pass abgelaufen war und er ihn dringend verlängern musste, wollte er zu dem Spiel nach Schottland fliegen. Typisch Marko.

Im mit Verspätung geführten Interview ließ er von den Allüren, die man ihm angedichtet hatte, rein gar nichts erkennen. Im Gegenteil: Er sprach ganz offen über seine Probleme: „Ich hatte einfach eine schwere Zeit", meinte er und fügte hinzu: „Gott sei dank habe ich mich erholt." Er sollte über die kommenden Jahre zu einer Leitfigur des Nationalteams werden.
Wirklich ruhig wurde es um seine Person jedoch trotzdem nie. Der Mann, der sich bei Inter den Bentley von Teamkollegen Samuel Etoó ausgeborgt hatte, der dann just an dem Tag gestohlenen wurde, und der Startrainer José Mourinho mit seiner Unpünktlichkeit zur Weißglut brachte, sorgte weiterhin für Aufreger, etwa als er 2012 bei einer Verkehrskontrolle einen Polizisten wissen ließ:

„ICH VERDIENE SO VIEL, ICH KANN DEIN LEBEN KAUFEN."

Oder als er mitten im Abstiegskampf von Werder Bremen um drei Uhr Früh in ein Rennen auf der Autobahn involviert war und deshalb suspendiert wurde.
Oder als nach einer Niederlage Österreichs in Bosnien Bilder von ihm mit Edin Džeko, dem Superstar des Gegners, beim Feiern auftauchten.
Oder als er seinen eigenen Gin präsentierte und sich auch damit viel Kritik einhandelte. „Wie kann ein Sportler Werbung für Alkohol machen?", hieß es allenthalben.
Oder als er im Teamcamp vor der EURO

2021 in Bad Tatzmannsdorf in einem goldenen Rollys Royce vorfuhr.
Oder als er wenige Tage später bei der Endrunde nach seinem Tor zum 3:1 einen Gegenspieler beleidigte und sich so eine Sperre für das nächste wichtige Spiel einhandelte.

Alles in allem passt jedenfalls die Bezeichnung, er befände sich zwischen Genie und Wahnsinn, auf kaum jemanden so perfekt wie auf den mit so außergewöhnlichem fußballerischen Können gesegneten Arnautovic.

Auch mit der Präsentation seines Gins sorgte Marko Arnautovic für Diskussionen – wie so oft in seiner Karriere.

RENATE SIEGTE TROTZDEM IMMER WIEDER

Das kanadische Lake Louise ist ein höchst beschaulicher Ort in einem Skigebiert, in dem Jahr für Jahr Weltcup-Rennen für Damen und Herren ausgetragen werden – auf der einen Seite des Highways. Auf der anderen gibt es eine kleine Einkaufszeile mit ein paar Geschäften, etwa einem Supermarkt, in dem schon im Jahr 2005 die Re- Bull-Dosen an vorderster Front standen, dann ein China-Restaurant, ein kleines Pub und so weiter. Menschen trifft man nur wenige, dennoch – oder gerade deshalb – wird man vor Spaziergängen oder Laufausflügen zumeist gewarnt: „Pass auf, das kann gefährlich werden!"
Die Warnung bezieht sich nicht unbedingt auf Räuber oder sonstige Angreifer, sondern auf Grizzlybären, von denen es in dieser Gegend unzählige gibt. Zahlreichen Skistars sind sie inzwischen begegnet, geschehen ist zum Glück nie etwas.

Lake Louise ist zugleich auch der einzige Ort im gesamten Weltcup-Zirkus, wo nahezu alle Teams im selben Hotel logieren, im ebenso monströs wie luxuriös erscheinenden Fairmont Chateau mit der breiten Glasfront im Erdgeschoss, die einen malerischen, märchenhaften Blick auf den See und die dahinter liegenden Berge bietet. Wunderschön, aber auch hier gibt es nur wenige Möglichkeiten zur Abwechslung: zwei, drei Restaurants, ein paar kleine Geschäfte und eine Bar im Untergeschoss. Sie trägt den Namen Saloon. Vor allem eine Österreicherin war hier regelmäßig Stammgast: Renate Götschl.

Da die Damen am Montag meist noch Ruhetag hatten, war sie nach ihrer Ankunft fast Jahr für Jahr am Sonntagabend dort anzutreffen. Während sich viele andere auf die bevorstehenden ersten Speed-Rennen der Saison konzentrierten und sich dafür entsprechend ausrasteten, blieb die Steirerin meist bis zur Sperrstunde, und zwar gut gelaunt, fröhlich plaudernd und ein paar Bier trinkend. Immer wieder schüttelten Rivalinnen darüber den Kopf. „Das kann man doch nicht machen, so knapp vor den Rennen."

Andere wiederum ließ das in gewisser Hinsicht auch Hoffnung schöpfen, insofern, als sie dachten, die Österreicherin so womöglich leichter besiegen zu können. Dieser Wunsch erfüllte sich jedoch selten und machte einer Ratlosigkeit, wenn nicht Verzweiflung Platz. Renate schlug sie zumeist trotzdem. Neben insgesamt drei WM-Titeln gewann sie in ihrer glanzvollen Karriere 46 Weltcuprennen, fünf davon alleine in Lake Louise, und zwar trotz ihrer regelmäßigen abendlichen „Ausflüge" in den Saloon.

Glückliche Mutter: Ski-Königin Renate Götschl mit ihren beiden Töchtern . . .

. . . und mit Mr. Millionenshow Armin Assinger sowie Jahrhundertsportlerin Annemarie Moser-Pröll (v. li.)

EINE FORMEL-1-LEGENDE IN DER CALLBOY-FALLE

Weltcup-Rennen der Damen im Dezember 2002 in Val-d'Isère: Heinz Prüller, bekannt vor allem als absolute Reporter-Legende der Formel 1, berichtete damals auch noch vom Skisport. Wie üblich flog er also von Österreich nach Genf in der Schweiz und mietete dort ein Auto für die Fahrt in den berühmten Schweizer Skiort, gemeinsam übrigens mit Ex-Slalomstar und inzwischen TV-Experten Thomas Sykora und dem ORF-Jungspund Andreas Felber. Steuern durfte das Auto natürlich nur Prüller selbst bei all der Erfahrung, die er mit Boliden und so weiter in seinen unzähligen Jahren in der Königsklasse des Motorsports hinter sich hatte. Pech nur, dass er zwei, drei Tage später bei der Ausfahrt aus der Hotelgarage in der angrenzenden Mauer landete und die ganze rechte Seite des Wagens zerstört war. Binnen weniger Stunden machte die Geschichte im gesamten Skilager die Runde. Der große Auto-Experte hatte einen Unfall gebaut, das war natürlich für viele ein gefundenes Fressen. Ein noch viel größeres Pech für den lieben Heinz war es dann jedoch, dass bald auch Niki Lauda, dreifacher Weltmeister der Formel 1 und sein langjähriger Weggefährte und Freund, von der Sache Wind bekam. Der hatte nämlich nichts Besseres zu tun, als den Ö3-Callboy zu informieren und auch noch lachend hinzuzufügen: „Als Ausrede gibt er an, dass es eisig war, wobei ich mich frage, wie es in einer Garagenausfahrt eisig sein kann."

Nicht viel später kam es zu dem von Lauda lancierten Anruf. Eine höfliche Dame, angeblich von der Hertz-Autovermietung in Genf, fragte Prüller am Telefon, ob sie ihn mit ihrem Chef, einem Herrn Heinzer, vermitteln dürfe. Er bejahte das und stellte noch freundlich fest, dass der Chef ja wie der berühmte Schweizer Abfahrer hieße, nach und nach verging Prüller die gute Laune jedoch. Man habe eruiert, dass er das Auto bei dem Unfall gesteuert habe, hörte er den Eidgenossen am anderen Ende der Leitung sagen. „Ich kann mich nicht richtig erinnern, aber ich glaube ja", meinte er darauf und bekam zur Antwort, dass er demnach laut eidgenössischem Gesetz im folgenden Jahr zu einer einwöchigen Nachschulung in die Schweiz kommen müsse. Folgender Dialog entwickelt sich danach in etwa:
„Okay, dann komme ich zur Nachschulung in die Schweiz!"
„Anfang Februar, bitte!"
„Nicht Anfang Februar, das geht keinesfalls, weil da die WM in St. Moritz ist – da müssen wir einen neuen Termin finden, bitte."
„Gut, dann eben Mitte März!"
„Das ist geht schon gar nicht, weil da in Melbourne die neue Saison der Formel 1 beginnt."
„Das ist schlecht, Herr Prüller, sehr

schlecht sogar. Aber ich hätte da eine Idee: Sie kennen doch diesen Michael Schumacher. Wenn Sie mir ein Autogramm von ihm beschaffen, kann ich im Akt gerne vermerken lassen, dass Herr Sykora oder Herr Felber bei dem Unfall gefahren ist."

„Okay! Ich schicke ihnen das Autogramm eingeschrieben, damit ja nichts passieren kann ..."

Formel-1-Reporterlegende Hein Prüller mit seinem Rindt-Buch und seinem Hund . . .

. . . und mit seinem Freund Niki Lauda, dessen Erfolge er allesamt live kommentierte

TORSTANGENREVOLUTION VOM NEUSIEDLERSEE

In diesen WM-Ort 2021 kam man als Journalist immer gerne. Cortina hat einfach viel zu bieten: die malerische Kulisse der Dolomiten, den Corso Italia im Stadtkern mit seinen romantischen Häusern und der imposanten Kirche an seinem Ende und nicht zuletzt die unzähligen Restaurants, von denen nahezu alle Hauben-verdächtig sind. Wenn das Wetter schlecht ist, wird es jedoch auch in dieser märchenhaft erscheinenden Umgebung etwas lähmend. Man sucht nach Abwechslungen, um der Langeweile zu entfliehen – wie damals im Jahr 2002 während der Damenrennen. Schneefall, Wind, keine Trainings möglich. Wer dann die Idee hatte, ist heute nicht mehr so klar, aber letztlich auch unerheblich für diese Geschichte, bei der dem damaligen Sportchef der Burgenland-Krone eine absolute Top-Sensation verkauft werden sollte, und zwar in Form von völlig neuen Torstangen, die aus Umweltschutzgründen angeblich in naher Zukunft nicht mehr aus dem herkömmlichen Material hergestellt werden sollten, sondern Schilfstangen aus dem Neusiedler See sind. Zudem sollten sie mit Lebensmittelfarbe rot oder blau gefärbt und dann eben auf den Rennstrecken ausgesteckt werden.
Anfangs schüttelte er ungläubig den Kopf: „So ein Schwachsinn!" Aber eine Dame, die vier Jahre später zweifache Olympiasiegerin werden sollte, half dabei, seine Meinung zumindest etwas zu ändern: Michaela Dorfmeister! Als die Niederösterreicherin die Geschichte hörte, konnte sie sich vor Lachen kaum halten und war sofort bereit, sich für ein Foto zu einer der vermeintlichen Torstangen aus dem Schilfgürtel des Neusiedler Sees zu stellen. Am berühmten Tofana-Schuss zeigte sie mit dem Finger darauf, Erstaunen und Begeisterung mimend.
Etwa zeitgleich wurde auch der entsprechende Text in die Burgenland-Redaktion geschickt, mit diversen technischen Erklärungen und mit unzähligen Zitaten von Trainern und Sportlerinnen und Sportlern, die natürlich allesamt von der Torstangenrevolution schwärmten. Es wirkte alles seriös, keine Frage.
Trotz aller anfänglichen Zweifel plante der Burgenland-Boss, der eine riesige Exklusivgeschichte vor Augen hatte, alles in entsprechender Form und Größe ein. Sicherheitshalber weihten die Drahtzieher dieses Cortina-Streiches Christoph Wikus, den damaligen Sportchef der Krone, ein – der so noch alles rechtzeitig stoppen konnte, in letzter Minute gewissermaßen, bevor diese Groteske vom Neusiedler See tatsächlich erschienen wäre.

Doppel-Olympiasiegerin Michaela Dorfmeister auf den Schultern der rodelnden Linger-Brüder

NADAL FUHR IM WEISSEN FERRARI VOR

Der Österreicher Edwin Weindorfer veranstaltete jahrelang das Damen-Tennisturnier auf Mallorca. 2017 lud er ein paar Journalisten ein, um es zusätzlich zu promoten. Traumhaftes Ambiente, exzellentes Essen, alles war perfekt organisiert. Dazu kam eine Geschichte, wie man sie nicht besser hätte erfinden können. Den Sieg holte sich nämlich Anastasija Sevastova, eine damals 27-jährige Lettin, die ihre Karriere eigentlich schon beendet hatte und in einer Tennishalle in Wien Trainerstunden gab. Dort hatte sie auch Roland Schmidt kennengelernt, mit ihm zu trainieren begonnen und war noch einmal so richtig durchgestartet, wie es aussah.

Auch das, was sich abseits des eigentlichen Turniers abspielte, war nicht uninteressant: Täglich fuhr eine mittelgroße Jacht vor Santa Ponsa vor, dann kam ein Mann in einem kleinen Boot an Land, stieg für ein paar Meter aufs Fahrrad um, um dann in ein beeindruckend schön und luxuriös wirkendes Auto zu klettern, einen weißen Ferrari. Der Mann heißt Rafael Nadal und ist einer der erfolgreichsten Tennisspieler aller Zeiten. Er stammt bekanntlich aus Mallorca, genau genommen aus Manacor, das ziemlich exakt auf der anderen Seite der Insel liegt als jener Platz, wo das Tennisturnier stattfand. Dennoch nahm er stets den Weg auf sich. Der Grund: Die Damen spielen dort auf Rasen, und für ihn war das eine ideale Vorbereitung auf das damals unmittelbar bevorstehende Turnier in Wimbledon. Natürlich sprachen sich seine Trainingseinheiten sehr rasch herum, und es sahen ihm bald deutlich mehr Leute zu als den Damen.

Höchst beeindruckend war für alle, mit welcher Akribie und mit welchem Ehrgeiz er dabei stets ans Werk ging. Ein Vollprofi eben. Geholfen hat ihm das damals jedoch nicht viel. Er schied in Wimbledon bereits im Achtelfinale aus. Möglicherweise lag das ja an seinem Ärger: Die Krone hatte nämlich als erste Zeitung Bilder von seinem Ferrari veröffentlicht, die dann unzählige andere Medien übernahmen. Das gefiel ihm alles gar nicht, weil er wie so viele andere Spitzensportler bestrebt war, bescheiden aufzutreten, nicht angeberisch oder gar protzerisch.

Tagtäglich fuhr Rafael Nadal auf Mallorca im weißen Ferrari zum Training vor.

Die Trainings von Nadal wurden von fast mehr Fans verfolgt als das nahe Tennisturnier der Damen.

SOGAR PUTIN GRATULIERTE ZUM ACHTZIGER

Man nannte ihn den „Wolf vom Arlberg“, und sein Name begleitete mich meine gesamte Kindheit über wie jene anderer Stars, etwa der von Annemarie Moser-Pröll oder der von Franz Klammer oder die von vielen mehr. Im Winter 1972 gingen für ihn Hunderttausende Menschen auf die Straße. Es war die Zeit der Olympischen Winterspiele 1972 in Sapporo. Sie feierten ihn nicht etwa, weil er dort Gold gewonnen hatte, sondern weil ihn die Verantwortlichen von ebendiesen ausgeschlossen hatten, und zwar aus einem geradezu lächerlichen Grund: Er hatte bei einem Hobbyrennen ein Trikot mit der Aufschrift einer Kaffeemarke getragen, was damals für Teilnehmer an Olympischen Spielen als unerlaubte Werbung angesehen wurde. Dazu sagen muss man vielleicht, dass der Sportler, um den es hier geht, nie auch nur einen Groschen dafür bekommen hatte. Gemeint ist natürlich Karl Schranz. Bruno Kreisky selbst bat ihn ins Bundeskanzleramt ob dieser Ungerechtigkeit. In Anbetracht der Massen, die unten auf dem Ballhausplatz warteten, sagte er zum Skistar: „Gehen Sie hinaus! Die Menschen sind alle wegen Ihnen hier.“ Der Jubel war grenzenlos, als Schranz schließlich den Balkon betrat, jener Mann, der Österreich mit all seinen Siegen so oft hatte jubeln lassen und dem man nun durch den Ausschluss die Chance auf Gold bei Winterspielen geraubt hatte. Das empörte damals alle.

Bei Olympischen Spielen hatte Schranz nie viel Glück, bei Weltmeisterschaften hingegen sehr wohl. In seiner aktiven Karriere holte er dort sechs Medaillen, davon drei aus Gold. Titelkämpfe sollten Jahre später sein Leben wieder prägen. Er war schließlich einer der Hauptverantwortlichen dafür, dass 2001 die Weltmeisterschaften in seinem Heimatort St. Anton stattfanden.

Dort kam es danach auch zum ersten Treffen. „Du bist also der, der jetzt bei der Krone übers Skifahren schreibt. Ich hoffe, ich höre von dir jetzt nicht auch immer wieder denselben Satz wie von deinem Vorgänger, dem ehemaligen Skiexperten bei eurer Zeitung: ‚Na, Schranz, was fällt dir heute wieder nicht ein … ‘“

Es war dann natürlich fast unvermeidlich, dass ihn der langjährige Krone-Kolumnist Schranz trotzdem immer wieder hörte, freilich genau wie auch davor nie wirklich ernst gemeint. Jedenfalls sollten „seine“ Titelkämpfe trotz des tagelangen Schlechtwetters ein voller Erfolg werden. Und am letzten Tag beim Herrenslalom, bei dem Mario Matt und Benni Raich für einen rot-weiß-roten Doppelsieg sorgten, strömten sogar

60 000 Zuschauer an die Strecke, darunter auch einer, den man zweifellos auf der ganzen Welt kennt: Russlands Staatschef Wladimir Putin. Schranz war schon seit Jahren mit ihm befreundet. Jahre später, im November 2018, würdigte Putin den Tiroler mit einer ganz persönlichen Nachricht zum achtzigsten Geburtstag: „Mein Freund Karl, ich gratuliere dir ganz herzlich zu deinem Ehrentag!"

Bei der WM 2001 konnte Karl Schranz (li.) sogar Wladimir Putin begrüßen.

Karl Schranz mit Gattin Evelyn unter dem Feuerwerk anlässlich seines 80. Geburtstages

EIN SMS-EKLAT MIT HIRSCHER

„Papa“, fragte Sohn Gabriel an seinem vierten Geburtstag gleich nach dem Aufstehen, „kann ich jetzt schon zu einem Fußballklub gehen?“
„Ja, kannst du. In Schwechat nehmen sie Kinder schon ab dem fünften Lebensjahr, soweit ich weiß!“
„Gott sei Dank, dann muss ich nicht mehr in den Kindergarten ...“

Die Sache hatte er freilich völlig falsch eingeschätzt. Die Einschreibung im Fußballklub erfolgte dennoch sehr schnell. Nur wenige Tage später war er dann bei seinem ersten Training. Das Feuer der Begeisterung für diesen Sport brannte vom ersten Moment an lichterloh. Bald spielte er überall mit einem Ball: im Wohnzimmer, im Kinderzimmer, im Badezimmer, im Keller, im Garten sowieso.

Natürlich hatten auch seine erste Trainerin, Andrea Hahn, und sein erster Trainer, Thomas Hirsch, einen riesigen Anteil an diesem Enthusiasmus. Vor allem Thomas Hirsch war ein sehr charismatischer Typ. Er wurde als „Mr. Schwechat“ gehandelt und war einst selbst Bundesliga-Spieler bei Rapid gewesen, hatte im Stadion Rannersdorf als Platzwart gearbeitet und zugleich dort als Kapitän und Libero für die Kampfmannschaft gespielt. Nebenbei betreute er die Nachwuchsteams mit sehr viel Geschick und Schmäh, mit dem er die Kinder nicht nur in seinen Bann zog, sondern auch in den des Fußballsports. In meinem Mobiltelefon war er unter Hirschi eingespeichert und somit gleich unter dem Eintrag Hirscher.

Am Tag vor der ersten Weihnachtsfeier sollte eine Nachricht an den Trainer geschickt werden – eine etwas zweideutige. Es war schon relativ spät am Abend, als nach nur ein paar Minuten nach dem Absenden das Telefon läutete. Auf dem Display leuchtete jedoch nicht Hirschi auf, sondern Hirscher. „Warum schickst du mir am Tag vor einem Rennen um diese Zeit so eine Nachricht?", fragte mich der junge Rennläufer. Er hatte beim Lesen jedoch selbst lachen müssen, weil ihm sofort klar gewesen war, dass es sich um einen Irrtum handeln musste. Mein Schreck war dennoch riesig und die Entschuldigungen entsprechend ehrlich gemeint. Immerhin war es der Abend des 12. Dezembers 2009, der Vorabend des klassischen Riesentorlaufs von Val-d'Isère, den der damals erst zwanzigjährige Marcel gewinnen sollte. Es war der erste Triumph in einer sehr langen Reihe im Weltcup. Die Freude war riesig – begeisterter Applaus vor den TV-Geräten. Nur wenige Minuten nach der Siegerehrung kam eine SMS-Nachricht:

„WENN ICH DANN IMMER GEWINNE, KANNST DU MIR AB JETZT VOR JEDEM RENNEN SO EINEN BLÖDSINN SCHICKEN!"

Der blutjunge Marcel Hirscher als halber Holländer mit einem Trikot von Ruud van Nistelrooy

AUF NACHTFLUG MIT DJ TOM

Das Tennisturnier von St. Pölten war bei den Profis einst sehr beliebt, weil alles viel ruhiger war als bei den meisten anderen Austragungsorten und weil sie daher auch nicht so viele Medientermine und Interviews absolvieren mussten wie anderswo. Nicht zuletzt aber auch deshalb, weil es meist unmittelbar vor den French Open in Paris stattfand und man daher Jahr für Jahr den gleichen Sand auflegte wie in Roland Garros.
Es war also ein perfekter Test für das Grand-Slam-Turnier in Frankreichs Hauptstadt, so auch für absolute Topstars wie Österreichs Legende Thomas Muster, der die ersten beiden Auflagen gewann. Oder für Chiles Marcelo Rios, der einmal sogar als aktuelle Nummer 1 der Welt anreiste und insgesamt dreimal triumphierte.

Im Jahr 1999 bescherte Glücksgöttin Fortuna dem Turnier in Niederösterreich gleich zum Auftakt einen ganz besonderen Kracher. Thomas Muster wurde als Erstrundengegner sein Landsmann Stefan Koubek zugelost. Österreichs erfolgreichster Tennisspieler, der 44 Turniere, davon auch einmal das in Paris, gewonnen hatte, sollte also gegen den aufstrebenden Jungstar aus Kärnten spielen, der damals 31-Jährige gegen den 22-Jährigen.

Natürlich bot das jede Menge Stoff. „Duell der Generationen", „Kampf um den rot-weiß-roten Tennis-Thron" und so weiter und so fort hieß es in den Medien. Nach dem Spiel sollten die Schlagzeilen noch größer, noch sensationslüsterner ausfallen, denn Koubek hatte den Giganten mit 6:3, 6:4 besiegt. Eine absolute Top-Sensation! „Wachablöse im österreichischen Tennis" oder „Eine Ära geht zu Ende" war überall zu lesen und zu hören. Nur einer nahm all das ziemlich gelassen: Thomas Muster selbst, weil er ohnehin nicht wirklich in Form war und wohl schon geahnt hatte, was da auf ihn zukommen würde. Am Abend hatte er die Niederlage dann ohnehin längst vergessen. Bei der Players Party am Tennisgelände, die in St. Pölten ebenfalls immer locker und ungezwungen war, erschien er als einer der ersten Gäste. Er plauderte locker mit jedem, schrieb geduldig Autogramme und ließ ganz problemlos Fotos mit sich und seinen Fans machen. Der Trubel um ihn untermauerte auch an diesem Abend, wie sehr ihn die Österreicher bewunderten und schätzten.

Irgendwann verschwand er aus der Menge, nicht etwa in Richtung nach Hause, wie man denken konnte, nein, er stand plötzlich hinter dem Pult, hinter dem bis dahin ein DJ Songs aufgelegt hatte. Als die Gäste merkten, wer da auf einmal für die Musik zuständig war, wurde die Stimmung noch ausgelassener. Und Muster heizte sie gekonnt immer weiter und weiter an. Die Party sollte bis in die frühen Morgenstunden dauern. Am Ende war es vor allem ein Lied, das er deutlich öfter spielte als alle anderen davor: Nachtflug, einen der zahlreichen Kultsongs von Falco.

Ein Tänzchen unter Sportstars: Thomas Muster mit Toni Polster

Thomas Muster mit dem zweifachen Ski-Olympiasieger Matthias Mayer

Voller Entschlossenheit den Schläger schwingend – so sahen die Fans Muster immer am liebsten.

ALS OGRIS AUF DIE FANS VON RAPID SCHOSS

Das Fußballturnier in der Wiener Stadthalle zählte viele Jahre lang zu den traditionsreichsten Sportveranstaltungen Österreichs. Abgesehen davon, waren die Ränge an nahezu jedem Spieltag fast bis auf den letzten Platz gefüllt, weil es für viele Menschen nach den Weihnachtsfeiertagen eine willkommene Abwechslung war, eine ideale Möglichkeit, die vier Wände zu verlassen.

Besonders heiß war die Atmosphäre stets bei den Derbys zwischen Rapid und Austria. Die grün-weiße Fangemeinde saß immer auf der einen Seite der Halle, die violette genau gegenüber. Reizfiguren gab es dabei natürlich viele, ein Mann übertraf sie jedoch alle: Andi Ogris. Im April 1984 war er für Toni Polster eingewechselt worden und so zu seinem ersten Derby-Einsatz gekommen. Seit diesem Zeitpunkt prägte er das Duell der beiden Wiener Großklubs wie kaum ein anderer Spieler. Unvergessen etwa das Bild, als er mit Rapids Didi Kühbauer Stirn an Stirn dastand, beide mit wild entschlossenem Blick. Oder als er Rot sah, weil Sammy Ipoua Toni Pfeffer eine Ohrfeige gegeben hatte und er daraufhin dem Kamerun-Stürmer in den Reihen der Hütteldorfer auf seine Art mitteilte, was er davon hielt.

In der Stadthalle war jedenfalls an diesem Tag wieder Derby-Time. Es ging um den Einzug ins Halbfinale. Ogris hatte bei diesem Turnier wegen einer Verletzung noch nicht eine einzige Minute gespielt. Ausgerechnet gegen Rapid war er nun wieder dabei. Anfangs saß er, eben weil noch nicht ganz fit, nur auf der Bank. Die Fans von Rapid interessierte er dennoch mehr als das aktuelle Spielgeschehen. Pausenlos dröhnte ihr Schlachtgesang durch die Halle: „Ogris, du Oaschloch! Ogris, du Oaschloch!“

Sie wussten freilich nicht, dass sie ihn damit nur noch mehr motivierten, ja so richtig sauer machten. Kurz vor Spielende kam er dann aufs Parkett, natürlich unter einem gellenden Pfeifkonzert aus dem grün-weißen Sektor und unter tosendem Applaus aus dem violetten. So laut war es in der Stadthalle davor und danach wohl kaum je gewesen. Es dauerte jedenfalls nur wenige Minuten, bis Ogris zuschlug. Tor, 3:2 für die Austria, die Entscheidung. Ogris ließ sich jedoch nicht von seinen Teamkollegen gratulieren. Vielmehr lief er zum Sektor der Rapid-Fans und sprang auf die Bande. Dort formte er seine Hände zu Pistolen und tat so, als ob er auf sie schießen würde. Jetzt entlud sich erst recht alle Wut auf ihn. Polizei und Ordner mussten herbeigeholt werden, um zu verhindern, dass die Rapid-Fans das Parkett stürmten.

Die Empörung war grenzenlos, und Ogris wurde noch mehr zu einer Hassfigur, als er das ohnehin schon gewesen war. Noch zorniger wären die Grün-Weißen wohl gewesen, hätten sie gewusst, was sich an diesem Tag nach dem Turnier abspielte: Einige Spieler von Rapid tranken gemeinsam mit ein paar anderen von der Austria zwei, drei Entspannungsbiere im Café Galerie im 10. Bezirk, ganz freundschaftlich. Die Frage, ob Ogris damals auch dabei war, erübrigt sich natürlich.

Stirn an Stirn: Didi Kühbauer und Andi Ogris stellen die legendäre Derby-Szene nach.

Ewige violette Legende, ewige Reizfigur für Grün-Weiß: Andi Ogris

SOGAR DER HIMMEL WEINTE UM DEN GROSSEN TONI

Die Zeit nach dem Zweiten Weltkrieg: Das Land befand sich gerade wieder im Aufbau, dennoch hatten noch immer viele Menschen Angst um die Zukunft, vor allem in wirtschaftlicher Hinsicht. Es gab wenig Hoffnung und noch weniger Freude, aber dann kam dieser erst zwanzigjährige Teufelskerl aus Kitzbühel in Tirol und versetzte die ganze Nation in Aufbruchstimmung. Toni Sailer ließ die Menschen endlich wieder befreit aufjubeln vor Glück und Euphorie, als er bei den Olympischen Winterspielen 1956 bei drei Starts auch drei Goldene holte, und zwar in der Abfahrt, dem Slalom und dem Riesentorlauf. In all den Jahren gelang ein solches Meisterstück nur noch einem weiteren Skirennläufer, dem Franzosen Jean-Claude Killy im Jahr 1968 in Grenoble.

Österreich hatte mit Sailer einen neuen Nationalhelden. Zwei Jahre später bei der Heim-WM in Bad Gastein holte er abermals drei Titel, um danach, mit nur 21 Jahren, seine Karriere wieder zu beenden. „Ich wollte eigentlich schon nach Olympia aufhören", erklärte er, „und bin die Weltmeisterschaft nur deshalb noch gefahren, weil sonst vielleicht ein paar gesagt hätten, dass das in Cortina nur Glück oder Zufall war."

Vom Rennsport verabschiedete er sich damit, in der Erfolgsspur blieb er aber zeit seines Lebens, etwa als Schauspieler in Filmen wie Der Schwarze Blitz oder als Sänger mit insgesamt 18 Plattenaufnahmen oder als Cheftrainer des Herrenteams und als technischer Direktor des Skiverbandes und zuletzt als Rennleiter der Hahnenkammrennen in seinem geliebten Kitzbühel. Dort kam es auch zu meiner ersten persönlichen Begegnung mit ihm, um genau zu sein im Jahr 2004, als die Wetterprognosen für das Rennwochenende wieder einmal alles andere als verheißungsvoll waren.
„Grüß Gott, Herr Sailer! Mein Name ist Peter Frauneder, ich arbeite für die Krone. Glauben Sie, dass die Rennen werden stattfinden können?"
„Aha, von der Krone. Sehr gut. Wir können per du sein, wenn du wllst. Ich bin der Toni. Und ja, sie werden stattfinden!"

Wie so oft sollte er recht behalten. Es gab in diesem Jahr sogar zwei Abfahrten, die erste als Ersatz für Wengen, das abgesagt hatte werden müssen. In der zweiten fuhr Stephan Eberharter das wohl perfekteste Rennen auf der Streif aller Zeiten. Sailer war überglücklich. Und der Kontakt zu ihm riss seit diesem Jänner nie mehr ab. Fünf Jahre später bei einem Abendessen beim berühmten Eggerwirt in der Gamsstadt sprach er erstmals ganz offen über seine Krankheit, die ihn schon ziemlich gezeichnet hatte: „Ich hoffe, ich schaffe es noch bis zur Weltmeisterschaft in Val-d'Isère. Ich will so gerne noch einmal ein Großevent miterleben können." Der liebe Gott erfüllte ihm diesen Herzenswunsch. Sailer applaudierte laut auf der Tribüne, als Benni Raich im Riesentorlauf Silber holte und damit – seiner bereits elften Einzelmedaille bei einem Großereignis – den Rekord, den bis zu diesem Tag Sailer selbst gehalten hatte, einstellte. „Ich bin froh, dass er es ist", sagte Toni am Abend danach bei einem Glas Rotwein.

Es sollte für alle Zeiten das letzte Treffen sein. Am 24. August 2009 erlag die Legende seiner schweren Krankheit. Als er ein paar Tage später in der Gamsstadt zu Grabe getragen wurde, regnete es in Strömen – sogar der Himmel weinte um den großen Toni.

Toni Sailer mit Marlies Schild bei den Winterspielen 2006 in Turin

Sailer an seinem 70. Geburtstag mit der Jubiläumstorte

Als Sailer in Kitzbühel zu Grabe getragen wurde, weinte sogar der Himmel.

DIE NUTTE UND DER GOTT

„Diego, bitte verzeih uns, wenn wir für neunzig Minuten gegen dich sind!" Dieses Transparent hing beim WM-Semifinale 1990 im Stadion von Neapel. Es galt natürlich Diego Maradona. 13,5 Milliarden Lire hatte der SSC Napoli 1984 für ihn ausgegeben. Das war damals gleichbedeutend mit dem teuersten Transfer der Fußball-Geschichte überhaupt. Als Dankeschön führte der Argentinier die Süditaliener 1987 zum ersten Titel der Vereinsgeschichte, 1990 zum zweiten sowie 1998 zum Triumph im UEFA-Cup. Und jetzt traf er ausgerechnet in der Stadt, in der er so geliebt und verehrt wurde, auf die WM-Hausherren aus Italien, das er in ein Tal der Tränen stürzen sollte. Er verwandelte im Elfmeterschießen den entscheidenden Penalty und schoss so seine Argentinier ins Endspiel.

Zur Legende war er aber bereits vier Jahre davor geworden, als er im Viertelfinale gegen England ein Tor mit einem mitreißenden Solo von der Mittellinie weg erzielte und gleich darauf eines ganz offensichtlich mit der Hand. Es sei die Hand Gottes gewesen, rechtfertigte er sich danach, um gleich hinzufügen: „Ich glaube, England hat mir das schon verziehen." Spätestens seit diesem Tag wurde er in seiner Heimat verehrt wie ein Gott.

Das war auch bei der WM 2014 augenscheinlich. Das Stadion in Belo Horizonte war voll mit Menschen in dem berühmten blau-weißen Trikot der Albiceleste, wie die argentinische Nationalelf genannt wird. Eine Viertelstunde vor Spielbeginn standen alle auf und begannen zu klatschen und zu jubeln. Was das zu bedeuten hatte, war nicht auf Anhieb nachvollziehbar, sondern klärte sich erst auf den zweiten Blick: Die Pressetribüne lag in dem Stadion direkt neben dem VIP-Bereich, und ebendort war ein Mann aufgetaucht. Er streckte seine Arme zum Himmel, als ob er Jesus wäre, und genoss merkbar jede Sekunde des Jubels, der um seine Person herrschte: Diego Armando Maradona! Von da an schien die Menschen das Spiel selbst kaum noch zu interessieren. Bis zum Schlusspfiff intonierten sie unentwegt ihren Schlachtgesang, in dem sie Brasiliens Fußball-Ikone Pelé als Nutte beschimpften und ihren Diego als Gott bezeichneten.
Als dieser im November 2020 im Alter von nur sechzig Jahren verstarb, löste das nicht nur bei ihnen tiefste Trauer und Entsetzen aus, sondern bei Abertausenden Menschen in der gesamten Welt.

1998 führte Diego Maradona den SSC Napoli zum Triumph im UEFA-Pokal.

Wo immer Diego Maradona in der Welt auftauchte, herrschte riesiger Rummel um ihn.

SKANDAL UM HERMANN

Hermann Maier war nicht nur auf der Skipiste eine absolute Ausnahmeerscheinung, auch feiern konnte der Salzburger wie kaum ein anderer, speziell nach dem Ende der Weltcup-Saison, wenn keine Rennen mehr zu fahren waren und der Druck, die Anspannung sowie das harte Training wegfielen. Ganz besonders in Feierlaune war er, wenn er die große Kugel für den Gesamtweltcup gewonnen hatte. Das gelang ihm gleich viermal: in den Jahren 1998, 2000, 2001 und völlig sensationell auch im Jahr 2004 nach seinem schweren Motorradunfall, bei dem er fast ein Bein verloren hätte.

Für das größte Aufsehen sorgte er jedoch mit seiner Party im Jahr 2001 im schwedischen Åre. Unmittelbar nach der Siegerehrung begann er damals mit seinen Freunden und seinem Betreuer zu feiern, und zwar ohne sich davor umzuziehen oder gar zu duschen. Er trug also noch seinen Rennoverall, den er bei der Zieldurchfahrt an der Brust zerrissen hatte, um seine Stärke noch ausdrücklicher zur Schau zu stellen. Auch die Skischuhe hatte er noch an. Die Runde wurde von Minute zu Minute immer ausgelassener.

Solange es noch warm genug war, spielte sich alles im Freien ab, danach wechselte man in eines der unzähligen kleinen Bierlokale, die es im Zentrum von Åre gibt. Dort saßen an einem der Tische auch fünf oder sechs schwedische Holzfäller, die natürlich über den Superstar in seiner ungewöhnlichen Aufmachung – mit dem zerrissenen Rennanzug und den Skischuhen – staunten. Sie baten Maier zu sich an den Tisch, und dieser nahm die Einladung, gesellig wie er nun einmal war, dankend an. Die ebenfalls muskelbepackten Schweden gingen, wie sich später herausstellte, im Übrigen fix davon aus, dass sie Maier sowohl beim Biertrinken als auch beim Armdrücken besiegen könnten. In Wahrheit hatten sie nicht den Funken einer Chance. Maier ließ eine Hand nach der anderen gnadenlos auf den Tisch knallen. Und als die Ersten von ihnen schon betrunken einschliefen, war er immer noch voll fit. Sogar als die Sperrstunde schon nahte, saß er nach wie vor da, unzerstörbar wie der sprichwörtliche Fels in der Brandung.

Vor dem Heimweg wollte er nur noch einmal kurz auf die Toilette. Dort war der Boden wie immer um diese Tageszeit schon sehr nass. Als er sie wieder verließ, waren eines der Pissoirs und der Waschtisch völlig kaputt. „Der Maier hat randaliert“, schrie wenig später ein Mann, der das WC gerade betrat, als es Maier verließ. Er löste damit einen Riesenskandal aus, der sich auch in der Presse niederschlug. „Maier hat sich benommen wie ein wildes Tier“, schrieb etwa eine schwedische Zeitung in Riesenlettern. Unter dem Artikel waren Bilder von dem zerstörten Klo und natürlich auch von Maier selbst. Wie es dazu gekommen war? Maier, das „wilde Tier", traf natürlich keine Schuld. Er war auf dem glitschigen Boden ausgerutscht und mit den Skischuhen gegen das Pissoir und den Waschtisch gekracht. Beides war daraufhin in mehrere Teile zerborsten. Die Aufregung legte sich recht rasch wieder, zumal auch die Kosten für die anstehende Reparatur sofort beglichen wurden.

Im Zielraum präsentierte Maier seinen muskelbepackten Oberkörper.

Vor allem 2001 hatten die Maier-Fans in Åare allen Grund zum Feiern.

Maier mit der großen Kristallkugel für den Gewinn des Gesamtweltcups.

EIN STOLPERNDER RUSSE – UND EIN GOALGETTER ALS TORJÄGER

Mitte der Neunzigerjahre waren Austria Salzburg und Rapid Wien in Österreich die Mannschaften der Stunde. Auch deshalb, weil beide Endspiele im Europacup erreichten, was für österreichische Fußballklubs bekanntlich alles andere als selbstverständlich ist: die Mozartstädter 1994 jenes im UEFA-Cup, die Grünweißen aus Hütteldorf zwei Jahre danach jenes der Cupsieger. Beide Mannschaften verloren zwar, dennoch wurden die Stars im ganzen Land umjubelt und gefeiert. In Ostösterreich natürlich speziell jene von Rapid. Überall, wo Michael Konsel, Didi Kühbauer, Peter Schöttel und all die anderen auftauchten, zogen sie die Massen förmlich an. So auch an diesem Abend in Eisenstadt, als die dortige Eishockey-Damenmannschaft ein Juxspiel gegen einige Rapid-Fußballer, die von ein paar Journalisten verstärkt wurden, bestreiten sollte. Das kleine Eisstadion war jedenfalls schon lange vor dem Beginn nahezu bis auf den letzten Platz gefüllt. Daher machte sich beim Umziehen in der Kabine auch eine gewisse Nervosität breit, weil keiner auch nur ansatzweise regelmäßig Eishockey spielte und es nicht klar war, wie stark das Damenteam, das allerdings auch erst kurz davor gegründet worden war, denn sein würde. „Hoffentlich blamieren wir uns nicht total", meinten viele.

Unmittelbar nachdem die Herren, die normalerweise kickten, das Eis betreten hatten, brach dann auch noch minutenlanges Gelächter aus, weil Sergej Mandreko ständig stolperte, stürzte oder sich an der Bande festhalten musste. Ausgerechnet er nämlich, der Russe. Es hieß ja schließlich, dass Russen schon als Kind eislaufen können. Nicht Sergej Mandreko. Er konnte es wirklich nicht.

Dennoch stellte sich nach dem Anpfiff recht rasch heraus, dass die Rapid-Mannschaft das Duell mit den Eishockey-Damen gewinnen würde. Vor allem ein Mann war dafür verantwortlich: der Publikumsliebling, der auf dem grünen Rasen so oft erfolgreich Tore verhindert hatte, hier auf dem Eis aber zum Goalgetter geworden war und einen Treffer nach dem anderen erzielte, Michael Konsel. Nach jedem seiner Tore wurde er von den Fans auf den Rängen euphorisch gefeiert, und das, obwohl ein Großteil der Zuschauer aus dem Burgenland stammte und eigentlich aufseiten der Eisenstädter Damen hätte sein müssen.

Michael Konsel mit seinem ehemaligen Roma-Klubkollegen Francesco Totti . . .

. . . und mit einer extra für ihn produzierten Titelseite der Krone

Stammgäste im Krone-Haus in Kitzbühel: Michael Konsel und Michaela Dorfmeister

WIE MAN EIN HARTES SCHICKSAL PERFEKT MEISTERN KANN

Mein Bruder arbeitete einst viele Jahre bei der Firma Nokia, und zwar zu jener Zeit, als der finnische Hersteller absoluter Weltmarktführer bei Mobiltelefonen war. Viele betrachteten es damals fast als Schande, wenn einer keines dieser Geräte besaß. Es war schlicht ein Ding der Unmöglichkeit. Aus PR-Zwecken gab es auch immer wieder Handys für diverse Prominente, für Schauspieler, Musiker und auch Sportler. Beim Weltcup-Auftakt 2007 in Sölden wurde im Rahmen eines Abendessens darüber geplaudert, und bei der Gelegenheit versprach man den Skistars Alexandra Meissnitzer und Matthias Lanzinger eines der allerneuesten Nokias. Meissnitzer bekam ihres relativ schnell, Lanzinger aus verschiedensten Gründen nicht. Wohl schlicht und ergreifend deshalb, weil man bei diversen Weltcup-Reisen darauf vergessen hatte, es mitzunehmen. Am 2. März 2008, als sich die Saison bereits ihrem Ende zuneigte, hatte er es immer noch nicht. Das war jener Tag, der das Leben des Abtenauers auf dramatische Weise verändern sollte. Der damals 27-Jährige stürzte im Super-G von Kvitfjell schwer und krachte mit dem linken Bein bei vollem Tempo gegen eine Torstange. Da es bei der Erstversorgung und dem Abtransport diverse Probleme gab, musste das linke Bein unterhalb des Unterschenkels amputiert werden. Lanzinger bekam Jahre später Schadenersatz zugesprochen, das war angesichts der Schwere des Schicksals jedoch ein schwacher Trost.

Entsetzen, Schreck und Mitgefühl waren riesig. Er war doch noch so jung und so talentiert! Beim Blick auf den Schreibtisch stiegen mir erst recht die Tränen in die Augen. Das Telefon lag immer noch da. Das schlechte Gewissen war groß. Dazu kamen quälende Gedanken: Ließe ich es ihm jetzt zukommen, sähe es so aus, als ob das nur wegen dieses fürchterlichen Unfalls der Fall wäre. Aber ein Gespräch mit Jürgen Kriechbaum, seinem damaligen Trainer, wischte alle Zweifel vom Tisch. „Er wird sich sicher sehr freuen! Ich besuche ihn ohnehin am Dienstag im Spital und nehme es ihm gerne mit."

Ich war sehr erleichtert, erst recht, als am Mittwochmorgen folgende SMS kam: „Hi, Peter, danke für das Telefon, das ist die erste Nachricht, die ich damit schreibe. Ansonsten geht es mir, den Umständen entsprechend, halbwegs gut." Ich freute mich riesig. Wie es aussah, hatte Lanzinger seine Entschlossenheit und seinen Kampfgeist schnell wiedergefunden. So würde er sein hartes Schicksal gut meistern können. Schnell wie kaum ein anderer lernte er dann auch, mit der Prothese umzugehen. Und nur etwas mehr als drei Jahre nach dem Unfall gab er im Herbst 2011 bekannt, künftig im Behindertensport an den Start gehen zu wollen. Am 17. November 2011 wurde er in seinem ersten Rennen in der Ski-Halle im niederländischen Landgraaf auf Anhieb Dritter, und bei den Paralympics 2014 in Sotschi jubelte er sowohl im Super-G als auch in der Kombination über Silber. Nach seinem endgültigen Karriereende wurde er neben diversen PR-Tätigkeiten auch Kolumnist der Krone – und ein guter Freund.

Matthias Lanzinger mit dem langjährigen ÖSV-Präsidenten Peter Schröcksnadel

VIELE FRAUEN IM SCHLAFZIMMER – UND EIN LEGENDÄRER MANN

Die erste eigene Wohnung. Viel Stolz. Viel Freude. Die Sturm-und-Drang-Zeit des Lebens. Da gehörten, um ehrlich zu sein, auch viele Frauen dazu. Und ein Mann. Nicht er persönlich, aber seine Bilder. Überall hingen sie: im Wohnzimmer, in der Garderobe und sogar im Schlafzimmer. Das veranlasste manche der jungen Damen, die zu Gast waren, zu fragen: „Warum sind da eigentlich all diese Bilder, zum Beispiel auch genau über dem Bett?"

Die Antwort war einfach: Weil er der Größte war. Immer schon. Lange, bevor er zu gewinnen begann. Dass ich das so empfand, lag wohl auch an dieser Interrail-Reise nach der Matura im Jahr 1985 durch ganz Europa: Venedig, Zagreb, Monte Carlo, Paris, London Manchester mit einem Konzert der Kultband The Cure, Amsterdam und dann Belgien. Weniger wegen der Hauptstadt Brüssel, sondern wegen des Grand Prix in Spa, der bis heute zu den traditionsreichsten der Welt zählt. Schon wegen der legendären Eau Rouge, der Kurve aller Kurven im Formel-1-Zirkus. Geld hatten wir damals keines, zum Glück ließ uns eine Familie in ihrem Heustadel schlafen. Für Trainings und Rennen schlichen wir uns unter einem Maschendrahtzaun durch. Es regnete jeden Tag. Und es war schon damals selbst für Laien, wie wir es waren, eines sichtbar: Ein Mann konnte viel besser, waghalsiger und schneller über diese total nasse Strecke fahren als alle anderen. Jener, der diesen schwarzen Lotus mit der Startnummer 12 steuerte und beim anhaltenden Regenwetter selbstverständlich auch gewann: Ayrton Senna! Von diesem Wochenende an war die Faszination, die er auf mich und den Rest der Welt ausübte, grenzenlos. Die Worte von Helmut Zwickl, Formel-1-Experte des Kurier, die er bereits lange vor dem ersten Sieg Sennas über ihn geschrieben hatte, sind auf alle Zeit unvergesslich. „Er hat alles, was Sieger brauchen: Talent, Mut, Ehrgeiz, Einsatz, Intelligenz, Risikobereitschaft und so weiter und so fort. Hätte der liebe Gott einen Rennfahrer konstruieren wollen, es wäre genau dieser Ayrton Senna herausgekommen."

Wie recht er damit haben sollte. 65-mal flog er auf die Poleposition, dieser Teufelskerl aus Brasilien. 41 Rennen gewann er. Dreimal wurde er Weltmeister. Jedoch auch wegen seines so vereinnahmenden Charismas ist er für mich bis heute der größte Sportler aller Zeiten. Dann kam der 1. Mai 1994. Ich war noch ein blutjunger Reporter und sehr stolz darauf, für die Krone über den Schlager der niederösterreichischen Landesliga in Langenrohr berichten zu dürfen. Voll des Ehrgeizes und mit ganzem Einsatz hatte ich schon vor der Pause alles penibel mitgeschrieben, die Aufstellungen, Tormöglichkeiten, die Treffer sowieso. Mobiltelefone gab es damals noch nicht, deshalb musste man in der Pause in die Kabine oder Kantine, um die wichtigsten Daten durchzugeben. Ich rief voller Eifer meinen Kollegen Peter Klöbl an.

„Es ist jetzt völlig egal, was dort passiert“, sagte er. Einigermaßen entsetzt ob der plötzlichen Unwichtigkeit und der angeblichen Nebensächlichkeit des Schlagers, fragte ich, weshalb das so sei. „Ayrton Senna ist tot!“, antwortete er. Ich war wie versteinert, Tränen schossen mir in die Augen. Es war ganz so, als ob alles mit einem Schlag vorbei wäre, der Sport, einfach alles. Mein großes Idol lebte nicht mehr. Definitiv vorbei war für den Jungreporter der Landesliga-Schlager. Zuschauen war völlig unmöglich, irgendwelche Daten zu notieren erst recht. Am nächsten Tag entschuldigte ich mich bei den Kollegen für das Versagen und las die Schlagzeile über der Geschichte von Reporterlegende Heinz Prüller und das Zitat von Gerhard Berger:

„DIE SONNE IST VOM HIMMEL GEFALLEN.“

Für mich war sie an diesem 1. Mai 1994 tatsächlich vom Himmel gefallen – wie für Millionen anderer Senna-Fans in der ganzen Welt auch.

Abertausende Menschen pilgern jährlich zu Sennas Grabstätte in Sao Paolo.

Ayrton Senna begeisterte mit seinem Charisma und seinem Können.

DER DEN VULKAN BESIEGTE

Meine Beziehung zu Stephan Eberharter war anfangs eine durchwachsene, selbst verschuldet bis zu einem gewissen Grad, weil ich zu viel über seinen Erzrivalen Hermann Maier geschrieben hatte – bei der WM 2001 in St. Anton sogar ausschließlich. Knapp vor Beginn der Weltmeisterschaft, am 1. Jänner, läutete mein Telefon. Charly Pointner, langjähriger Alpin-Experte der Krone und unangefochtener Doyen unter den Ski-Journalisten, war am anderen Ende der Leitung. „Frauni, bist du schon nüchtern und gut gerutscht?"
„Ja, sicher!"
„Okay, dann hör zu: Willst du mit zur WM nach St. Anton?"
Vor Überraschung und Freude fiel mir beinahe das Kaffehäferl aus der Hand.
„Unbedingt!"
„Gut, aber du hast dort nichts anderes zu tun, als dich um deinen narrischen Freund zu kümmern."

Gemeint war Hermann Maier. Den Rummel um den Superstar wollte sich Pointner, der während der Titelkämpfe seinen sechzigsten Geburtstag feiern würde, nicht mehr antun. Für mich bedeutete das zwei Wochen Herminator-Geschichten. Das war gar nicht so einfach, weil er damals geradezu hermetisch abgeschirmt wurde und so gut wie keine offiziellen Termine wahrnahm. In Wahrheit war es sogar äußerst schwierig, und was noch dazukam: Die anderen Läufer fühlten sich zu Nebendarstellern abqualifiziert und konnten das nicht ganz nachvollziehen, allen voran Stephan Eberharter. Er zog sich zurück und behielt das bei, auch in der nächsten Rennsaison, als Maier nach seinem schweren Motorradunfall fehlte und er selbst mit Seriensiegen zum Superstar wurde.
Zu den Olympischen Spielen nach Salt Lake im Jahr 2002 kam er als haushoher Favorit, belegte in der Abfahrt jedoch nur Platz drei. Gold ging an seinen Freund Fritz Strobl, den er davor in St. Moritz knapp geschlagen und ihm am Siegespodest angekündigt hatte: „Wirst sehen, dafür gewinnst du bei Olympia!" Im Super-G musste er sich nach einem kapitalen Fehler mit Rang zwei hinter Kjetil André Aamodt begnügen. „Warum stellt mich der liebe Gott auf so eine harte Probe?", stöhnte Steff damals im Zielraum, um dann wenige Tage später ausgerechnet dort zuzuschlagen, wo man ihn die wenigsten Chancen gegeben hatte: Er holte Gold im Riesentorlauf. Glücklich und grenzenlos erleichtert ließ er sich im Ziel rücklings in den Schnee fallen und saugte die Sekunden des Triumphs förmlich in sich auf. Als ein Reporter später eine Frage, die er gerade eben gestellt hatte, selbst beantwortete, sprang Eberharter trotz guter Laune nach dem Triumph sofort auf und ließ den Interviwer mit den Worten „Ihr wisst ja eh alles besser, dann kann ich ja gehen!" im Regen stehen.

Sein wohl größtes sportliches Meisterstück lieferte der dreifache Weltmeister aber zwei Jahre später ab. „Wenn man hier im Starthaus steht, fühlt man sich, wie wenn man in den Krater eines Vulkans springen muss", hatte Eberharter immer wieder über die Streif in Kitzbühel gesagt. Im Jahr 2004 bezwang er sie dann, und zwar auf eine Art, die allen den Atem raubte: Mit Startnummer 30 und einer waghalsigen Linie am Hausberg und auf der Traverse düpierte er die Gegner förmlich und triumphierte mit 1,21 Sekunden Vorsprung auf den US-Amerikaner Daron Rahlves.
Es sollte sein letzter ganz großer Sieg bleiben. Nach der Saison 2003/2004 beendete er seine Karriere und wurde unter anderem Star-Kolumnist der Krone – und nach all den Jahren schließlich auch zum guten Freund, trotz der anfänglichen Probleme.

Stephan Eberharter mit der goldenen Gams für den Triumph in Kitzbühel

VERFOLGT VON PRIVATDETEKTIVEN

Franz Weber war ein höchst talentierter Fußballer. Man hätte ihn sich über Jahre hinweg gut als Libero des österreichischen Nationalteams vorstellen können, wo er noch dazu so gesund lebte: keine Zigaretten, kein Alkohol, ausgewogene Ernährung. Nur ein Laster hatte er: Er wettete leidenschaftlich gern. Hans Krankl, der den damals noch blutjungen Burschen als Trainer von Rapid unter seinen Fittichen hatte, erzählte einmal: „Wenn wir in der Pause in der Kabine sind und ich das Match besprechen wollte, ist er nicht nur einmal, sondern regelmäßig mit zwei, drei anderen in den Nebenraum, um auf Teletext zu schauen, wie es bei den Spielen steht, auf die sie gesetzt haben."

Um all diese Dinge wusste auch Hannes Weninger Bescheid, Webers späterer Trainer bei Kottingbrunn. Die Niederösterreicher spielten damals um den Aufstieg in die Bundesliga. Nach dem großen Schlager gegen Sportklub vermutete er, Weber habe davor auf das Spiel gesetzt und dafür gesorgt, dass es eine Niederlage gibt. Er war fuchsteufelswild und setzte sogar einen Privatdetektiv an, der seinen Libero verfolgen sollte. Die Krone konfrontierte Weber, der in seiner Zeit bei Gerasdorf nach seinem Ausschluss im Cup-Spiel gegen Austria auch mit einem Strip an der Outlinie für Aufsehen gesorgt hatte, mit den Anschuldigungen. Antwort: „Du weißt doch, dass mir völlig wurscht ist, was der sagt!"

Eine herrliche Schlagzeile. Aber am nächsten Tag war die Mobilbox schon in aller Herrgottsfrüh voll vor lauter Nachrichten. Alle von Weninger. Von Mal zu Mal wirkte er zorniger.
„Wie kannst du sowas schreiben?"
„Jetzt muss ich ihn feuern!"
„Bitte Rückruf!"
„Rückruf dringend!"
„Ruf mich sofort an!"

Als das dann irgendwann der Fall war, konnte er sich kaum noch halten vor Aufregung. „Was hast du, Hannes? Du wolltest ihn sowieso feuern?"
„Ja, aber ich brauche ihn ja trotzdem noch für den Aufstiegskampf."
Die Verwunderung war groß. Jedenfalls fand der Privatdetektiv nie wirklich etwas heraus. Weber spielte weiter, Kottingbrunn wurde doch noch Meister und stieg in die Bundesliga auf.

Hannes Weninger, einst der Trainer von Franz Weber bei Kottingbrunn

IN DER FALLE DER SLALOM-MUSKETIERE

Sie sorgten nicht nur auf der Piste für eine Mega-Show, sondern auch abseits davon. Unvergessen etwa der Jänner 2009, als Reini Herbst und Manni Pranger zuerst in Adelboden einen Doppelsieg feierten und eine Woche später in Wengen wieder, dieses Mal in umgekehrter Reihenfolge. Ihre Pressekonferenzen waren damals kabarettreif. Ein Schweizer Kollege meinte damals mit einem etwas traurigen Blick: „Wahnsinn, diese Typen! Wir hätten auch gerne solche Rennläufer, im Vergleich dazu sind unsere echte Langweiler."
Mario Matt komplettierte die Ära der Slalom-Musketiere. Er wirkte öffentlich etwas ruhiger als die beiden anderen. Das lag an seiner Art, an seiner Abgebrühtheit. Bevor der Mann aus Flirsch in die Weltklassen aufstieg, hatte der damalige Slalomtrainer Gert Ehn über ihn gemeint: „Der Typ ist so cool, dass er Eiszapfen spuckt!" Wenig später sollte Matt in Kitzbühel sensationell seinen ersten Weltcupsieg feiern. Mit Startnummer 47! Ein Olympiasieg, drei WM-Titel und unzählige andere Erfolge folgten. Jedoch auch Pranger und Herbst fuhren nahezu immer in der Erfolgsspur: der eine etwa zum WM-Titel 2009, der andere neben zehn Einzelsiegen im Weltcup auch zur kleinen Slalom-Kristallkugel im Jahr 2010.
Auch nach ihren Karrieren blieben die drei erfolgreich. Matt züchtet Araber-Pferde und betreibt in St. Anton ein berühmtes Après-Ski-Lokal, Herbst züchtet Koi-Karpfen und managt gemeinsam mit Pranger diverse Projekte. Vor allem aber erhielten sich die drei auch nach der Karriere ihre Freundschaft, was mitunter auch verhängnisvoll sein kann wie etwa an jenem Abend in Kitzbühel, an dem der damalige niederösterreichische Landeshauptmann Erwin Pröll zu seinem traditionellen Empfang gebeten hatte. Im Hotel Kitzhof natürlich. Wo sonst? Da für den nächsten Tag wegen der bevorstehenden Hahnenkamm-Abfahrt sehr viel Arbeit zu erwarten war, wollte ich kurz vor Mitternacht den Heimweg antreten. Die Frage war nur, ob ich mich rechts oder links durch die Menschenmenge kämpfen sollte. Die Wahl fiel auf links. Eine fatale Entscheidung, denn etwa auf halbem Weges standen sie plötzlich da: Matt, Pranger und Herbst.
„Wohin bist du unterwegs?"
„Nach Hause. Ich habe viel Arbeit morgen."
„Das kannst du vergessen! Wir gehen jetzt noch alle zusammen in zwei, drei Bars!"

Abzulehnen, das war rasch klar, wäre völlig sinnlos gewesen, also Abmarsch in die In-Szene von Kitzbühel statt ins Bett, das ich erst dann benutzte, als die Abfahrer schon zum Einfahren auf der Streif waren. Es ist eigentlich ein kleines Wunder, dass die Rennberichte an diesen Jännertagen immer zeitgerecht fertig waren …

Mario Matt mit zwei Pferden aus seiner stolzen Araber-Zucht

WENN DU NICHT GEWINNST, KILLEN DIE DICH

Ein Freitag an dem legendären Rennwochenende in Kitzbühel: Normal steht da der Super-G auf dem Programm. Nicht jedoch an diesem. Neuschneemassen haben die Streif völlig unbefahrbar gemacht. Also Ersatzprogramm: Kaffee mit einigen Ex-Rennläufern im Krone-Haus im Ortszentrum, das schon seit Jahren fix zu den Hahnenkamm-Rennen gehört. Danach Lokalwechsel in das Hotel Kitzhof, in dem das österreichische Team wohnt. Gerade als dort an der Bar die Bestellung aufgegeben wurde, kommt eine SMS von einer unbekannten Nummer, anonym also: „Ihr feiert ständig den Hirscher. Ist es keinem von euch aufgefallen, dass er bei seinen Slalomsiegen in Zagreb und Adelboden eingefädelt hat? Schreibt doch das einmal!" Das machte uns hellhörig. Es war der Winter 2011/12, also jener, in dem der Annaberger zum Seriensieger aufgestiegen war. Somit war das eine höchst brisante Geschichte. Wir schauten uns die erwähnten Läufe noch einmal genau an. In Adelboden war rein gar nichts zu sehen. In Zagreb jedoch gab es eine Situation, bei der Hirschers linker Ski klar über die Torstange fuhr und nicht an ihr vorbei. War das noch regulär?

Ich rief beim damaligen Sportchef Christoph Wikus an: „Was machen wir damit?" Die Antwort war klar: „Wenn wir es nicht schreiben, wird es wer anderer machen, denn diejenigen, die das angezeigt haben, wollen, dass es öffentlich wird. Natürlich werden wir einen möglichst neutralen Ton finden müssen."

Der Titel der Geschichte lautete dann: Teufelskerl Marcel sogar zu schnell für die Torrichter! Im Eigentlichen war das ein Lob und keineswegs skandalträchtig von der Aufmachung her, dennoch schlug die Sache hohe Wellen. Alle sprachen am nächsten Tag nur mehr darüber. FIS-Renndirektor Günter Hujara sorgte schließlich vor laufenden Kameras für Hirschers Freispruch: „Regulär, kein Einfädler!" Einen konnte er damit jedoch nicht besänftigen: Ivica Kostelić, der bei einer Disqualifikation des Österreichers erstmals ein Heimrennen in Zagreb gewonnen hätte. Er schäumte vor Wut und sagte: „Es war nur ein Rennen, aber die Schande währt für immer."

Jetzt war wirklich Feuer am Dach, zumal nur zwei Tage danach der Nachtslalom von Schladming auf dem Programm stand, wohin Jahr für Jahr Tausende kroatische Fans pilgerten. Natürlich wegen Kostelic. Die totale Eskalation war zum Greifen nahe, deshalb bat Alpindirektor Hans Pum Hirscher und Kostelić am Montag vor dem Rennen zur Aussprache in sein Zim-

mer. Mit großem Erfolg: Am Abend bei der Siegerehrung schlossen die beiden öffentlich Frieden und beruhigten somit auch die Fans.
Am nächsten Tag triumphierte Hirscher trotz aller Aufregung auf der Schladminger Planai, auf der er ein Jahr später auch einen seiner allergrößten Triumphe feiern sollte. Vor rund 60 000 Fans flog er dort im WM-Slalom 2013 zum Sieg. „Als ich als Führender nach dem ersten Lauf zum zweiten rauf auf den Berg gefahren bin und all die Massen gesehen habe, habe ich mir gedacht:

„WENN DU NICHT GEWINNST, KILLEN DIE DICH!"

Hirscher hielt dem unfassbaren Druck stand – wie so oft in seiner Karriere.

Nach seinem Triumph im WM-Slalom von Schladming küsste Marcel Hirscher den Schnee.

SAUER AUF DEN FC CHELSEA

Die Familienurlaube am Wörthersee waren viele Jahre lang absolute Pflicht im Sommer, und zwar immer in derselben Besetzung: meine Frau, der Junior und eine befreundete Familie, die auch einen Sohn im selben Alter hatte. Wir bezogen eine schon etwas ältere Pension, die aber einen wunderschönen Ausblick auf den berühmten See und die Berge gegenüber bot. Es war immer traumhaft und verlief stets ohne größere Differenzen. Nur wenn Wolken über Pörtschach aufzogen und die Damen wieder einen Ausflug planten, statt einfach an den Strand zu gehen, rümpften die Männer die Nase. Ohnehin das ganze Jahr unterwegs, jetzt wieder ins Auto setzen, statt zu entspannen. Unverständlich.

Im Jahr 2016 wollte es der Zufall allerdings, dass genau zur gleichen Zeit der FC Chelsea im nahen Velden Quartier für sein Trainingslager bezog. Bei dieser Gelegenheit war auch ein Testspiel in Klagenfurt gegen den WAC geplant, von dem mein Sohn, ein glühender Fußballfan, schon im Vorfeld Wind bekommen hatte: „Papa, da müssen wir unbedingt hin!" Natürlich wollte dann auch sein Freund Max mit, dessen Vater Fußball in etwa so interessierte wie das berühmte Radl, das irgendwo in Peking umfällt. Er verstand die Welt nicht mehr. Ausflüge waren verpönt, jetzt sollten wir dafür durch endlose Staus hindurch in ein mehrere Fahrminuten entferntes Stadion, in dem irgendein Testspiel stattfand. Wesentlich gemütlicher wäre es doch gewesen, in einem der exzellenten Lokale am See das Abendessen zu genießen.

Richtig sauer wurde er aber dann am Tag vor dem Spiel, weil die Burschen in der Zeitung von der Ankunft der englischen Startruppe in Velden gelesen hatten und unbedingt hinwollten, um Autogramme und Fotos von all den berühmten Spielern wie etwa Frank Lampard zu ergattern. „Nein, machen wir sicher nicht", meinte er schon etwas zornig, aber das Bitten und Flehen der beiden war zu rührend. Also auf nach Velden! Auch wenn die Sonne so richtig am Himmel strahlte, fiel nun auch noch ein Badetag ins Wasser. Klarerweise dauerte es dann eine gefühlte Ewigkeit, bis der Bus mit dem berühmten blauweißen Wappen endlich auftauchte. Es war lähmend.

Das Match am nächsten Abend hob seine die Stimmung natürlich keineswegs. Chelsea siegte wenig überraschend 3:0, bei der Rückfahrt nach Pörtschach saßen wir wieder im Stau fest. Als wir endlich die Einfahrt unserer Pension passiert hatten, war es bereits nach Mitternacht. Meinem Freund war nur noch eines wichtig, nämlich dass der Fußballspuk nun endgültig vorbei war.

Restlos glücklich: Gabriel Frauneder beim Gastspiel des FC Chelsea in Klagenfurt

DER AUSGESPERRTE HAHNENKAMM-TRIUMPHATOR

Es ist die Rennstrecke aller Rennstrecken. Keine andere hat so viel an Mythos. Keine andere hat so viele Legenden geschaffen und so viele Geschichten geschrieben wie die Streif in Kitzbühel. Es sind Dramen und wunderschöne Märchen gleichermaßen.

Manche dieser Geschichten hätten beinahe in wahren Tragödien geendet. Man denke an den fürchterlichen Sturz von Hans Grugger beim Sprung in die Mausefalle im Jahr 2011. Nur eine Woche davor hatte er noch ein ausführliches Interview in Wengen gegeben. Der Salzburger, der trotz seiner schon zahllosen Verletzungen als Mann der Zukunft im Abfahrtssport galt, hatte über seine Zukunft gesprochen, über seine großen Ziele. Und jetzt lag er da, ohne Bewusstsein. Er war mit dem Kopf ungebremst auf das blanke Eis geprallt. Tränen stiegen uns in die Augen bei den Bildern. Es war klar: Er kämpfte um sein Leben. Zum Glück erfolgreich. Rennen fuhr er dann zwar nie wieder, er wurde jedoch wieder ganz gesund und beendete sogar sein Studium.

Auch viele andere Karrieren gingen auf der berühmtesten, aber auch gefährlichsten Rennstrecke der Welt zu Ende. Zum Glück überwiegen jedoch die unvergessenen Sternstunden wie der österreichische Dreifachtriumph durch Franz Klammer, Erwin Resch und Jimmy Steiner im Jahr 1984 oder der Husarenritt von Hannes Reichelt, der sich 2014 trotz eines akuten Bandscheibenvorfalls zum Triumph quälte, oder der Streckenrekord, der wohl nie wieder unterboten werden kann. In 1:51,58 hatte der Kärntner Fritz Strobl, den man ob seines schleichenden Fahrstils „The Cat" nannte, die Streif bezwungen. Eine Streif, die damals auf gewissen Passagen noch etwas schneller gesetzt war als in den Jahren danach. Dennoch war das eine absolute Meisterleistung, die mit den Ziffern der Siegeszeit immer noch in seinem Haus auf dem Kamin verewigt ist.

Alle wussten das damals nicht so richtig zu schätzen, etwa der strenge Türsteher der Kitzbüheler Tenne. Als Strobl mit einigen Betreuern und Freunden zu vorgerückter Stunde in das Lokal wollte, meinten sie:

„NEIN, IHR DÜRFT NICHT HINEIN!"

Auch mehrfache Hinweise darauf, dass das der frischgebackene Streif-Champion sei, der da um Einlass bittet, änderten nichts an der Tatsache: Strobl blieb ausgesperrt.

Einem anderen Skistar wäre das wohl nicht passiert: dem US-Rebell Bode Miller. Der war ohnehin Stammgast in sämtlichen Lokalen diverser Weltcup-Orte. In Kitzbühel etwa im Londoner und auch in Garmisch hatte er eine Lieblingsdisko. Einmal blieb er sogar bis zum Morgengrauen dort, und zwar am Tag vor dem Super-G, weil er felsenfest davon überzeugt war, dass das Rennen wegen des angekündigten Schlechtwetters ohnehin abgesagt werden würde. Es fand statt. Seine Trainer mussten ihn aus dem Lokal holen, was sie sich sparen hätten können, weil Bode – schwer gezeichnet – schon nach ein paar Toren ausfiel und noch Jahre später erzählen sollte: „Ich bin auch schon total betrunken am Start gestanden!"

Streif-Sieger Fritz Strobl wird in Kitzbühel von Autogrammjägern bestürmt.

„… DASS SPORTJOURNALISTEN GAR SO SCHLECHT SIND"

Die Vorfreude war riesig. Die Erwartungen ebenfalls. Und die Brust war stolzgeschwellt im ehrwürdigen Happel-Stadion. Nicht so wie damals in der Kindheit, als man dort mit dem Vater und dem Bruder zahllose denkwürdige Matches wie etwa den 3:0-Triumph über die DDR mit drei Toren von Toni Polster, die uns den Weg zur WM 1990 ebnen sollten, miterlebt hatte. Und auch nicht so wie gewohnt als Journalist oben auf der Pressetribüne sitzend, um kurz nach dem Schlusspfiff für Spielerinterviews runter auf den Rasen zu hetzen. Dieses Mal war ich selbst Spieler – mit Stoppelschuhen und einem Dress in Rot-Weiß-Rot, in den Farben das Nationalteams. Auch einlaufen bis zum Mittelkreis durften wir, kurzum war alles so wie bei einem richtigen Fußballspiel. Ein Sponsor hatte es im Vorfeld eines Ländermatches organisiert. Neben uns Journalisten waren auch einige Stars dabei, etwa Torhüterlegende Michael Konsel.

Vor Anpfiff wurde rasch ein Foto mit ihm gemacht, dann stürzten wir uns in die Schlacht – voller Enthusiasmus und Ehrgeiz, auch wenn das eigene Fußballtalent gerade einmal für die Niederungen des Wiener Unterhauses gereicht hatte. Schon nach wenigen Minuten standen mir Schweißperlen auf der Stirn. Nicht viel später war das Trikot nahezu zur Gänze durchgeschwitzt. Zweikämpfe, Passes, Schussversuche – alles mit hundertprozentigem Einsatz. Das Ergebnis war am Ende Nebensache, die Zufriedenheit mit der eigenen Leistung jedoch fast grenzenlos. Es hatte gepasst, so richtig gepasst! Damals wussten wir noch nicht, dass sich während des gesamten Spieles oben auf der Tribüne einige Teamspieler wie etwa Stefan Marasek halb totgelacht hatten über uns. Der Grundtenor: „Wir haben nicht gedacht, dass Sportjournalisten gar so schlecht sind!“

Mit dem Kollegen Peter Moizi und Torhüter-Star Michael Konsel vor dem Spiel im Happel-Stadion

DAS AUTO VOR DEM BORDELL

Nichts und niemand war vor den Streichen des langjährigen PR-Mannes des Skiverbandes, Manfred Kimmel, sicher, selbst seine Vorgesetzten nicht. Davon kann auch Hans Pum ein Lied singen. Der Oberösterreicher, der rund vier Jahrzehnte in allen möglichen Funktionen im Verband tätig war und der abgesehen vom beruflichen Nahverhältnis auch einer der besten Freunde Kimmels war, wurde gleich mehrfach zu dessen Opfer, etwa als die beiden den exakt gleichen Dienstwagen ausgefasst hatten.

Dazu muss man wissen, dass Pum in St. Oswald bei Freistadt lebt, einer wunderschönen, aber auch sehr beschaulichen Gegend. Es ist eine Gegend, in der alles sofort auffällt, weil jeder jeden kennt, und dazu noch die Autos der Miteinwohner. Vor allem dann, wenn es solche mit riesigen, auffallenden Schriftzügen wie die vom Österreichischen Skiverband sind.

Das Auto von Kimmel sah jenem von Pum jedenfalls zum Verwechseln ähnlich: dieselbe Marke, dasselbe Modell, dieselbe Farbe, dieselben Aufschriften. Das nahm der gute Mann zum Anlass, seines direkt vor dem einzigen und berüchtigten Rotlicht-Etablissement in der Umgebung zu parken. Kimmel selbst quartierte sich im Gasthof genau vis-à-vis ein und sah den ganzen Tag aus dem Fenster. Er amüsierte sich köstlich, als immer mehr Menschen zusammenliefen und entsetzt die Hände über dem Kopf zusammenschlugen:

„WAHNSINN, DER PUM IST SCHON DEN GANZEN TAG IM BORDELL …"

Noch viel mehr nervte den ansonsten sehr geduldigen Hans jedoch ein anderer Streich seines Freundes. Als die Mobiltelefone immer mehr in Mode kamen, schaltete Kimmel in einer oberösterreichischen Zeitung ein Inserat, in dem ein Auto angeboten wurde, zu einem absoluten Spottpreis und mit Pums Telefonnummer darunter, und zwar an einem Samstag. Nicht an irgendeinem, sondern ausgerechnet an jenem, an dem die große Hahnenkamm-Abfahrt stattfand. Bereits in aller Früh begann Pums nagelneues Handy im Minutentakt zu schrillen. Weil er über dieses Telefon auch berufliche Anrufe erhielt, konnte er es nicht abdrehen. Wegen des unaufhörlichen Läutens bekam er von diesem Rennen so wenig mit wie von keinem anderen in seinem langjährigen Funktionärsleben.

PR-Mann Manfred Kimmel mit dem Audi, den er einen ganzen Tag lang vor dem Bordell geparkt hatte

KÖNIGIN FÜR DIE EWIGKEIT

Winterurlaub mit den Eltern in den 1970er-Jahren. Beide Söhne, der Bruder und ich, damals schon restlos begeisterte Skifahrer. Aber in dieser Woche waren Wedeln, Schussfahren und so weiter nicht das größte Anliegen. Weil es ein anderes Hauptthema gab: SIE!
SIE?

Ja, SIE: Österreichs größte Sportlerin aller Zeiten: Annemarie Moser-Pröll! Aufgewachsen als das sechste von acht Kindern ihrer Eltern Maria und Josef Pröll. Auf einem Bergbauernhof oberhalb von Kleinarl. Also ganz in der Nähe von Wagrain. Und dort wollten die beiden Brüder unbedingt hin. Noch vielmehr als auf die Skipisten. In der großen Hoffnung, die so erfolgreiche Skirennläuferin dort zu treffen. Erfüllt wurde diese zwar beim Besuch, der freilich aufgrund des großen Drängens der Söhne gleich am ersten Tag des Urlaubs stattfinden sollte, nicht. Aber es reichte auch schon, einmal zu sehen, wo Annamirl, wie die Ski-Königin von allen genannt wurde, einst gelebt hatte.
Jene junge Dame, die so viele Erfolge feierte. Die gefühlt nahezu jedes Rennen, 62 davon alleine im Weltcup, gewann. Und um die sich auch so viele Legenden, so viele Geschichten rankten. Weil sie auch dann siegte, wenn die Voraussetzungen noch so ungünstig waren. Ja, sogar selbst dann, wenn die Hotelbar einmal zu verlockend gewesen war und sie deshalb um Stunden weniger Schlaf hatte als ihre Konkurrentinnen. Und auch die freiwillige Auszeit im Winter 1975/76, in dem sie sogar auf Heim-Olympia in Innsbruck verzichtete, um ihren schwer kranken und wenig später leider verstorbenen Vater zu pflegen, konnte sie nicht von ihrem einzigartigen Erfolgsweg abbringen. 1980 holte sie in Lake Placid mit Olympia-Gold die einzige Trophäe, die in ihrer beeindruckenden Sammlung noch fehlte, Jahre später wurde sie zu Österreichs Sportlerin des Jahrhunderts gewählt.

Zum ersten Treffen kam es allerdings in der Schweiz. Im Rahmen der berühmten Rennen auf dem Lauberhorn, zu denen sie Sportjournalisten-Doyen Hans Adrowitzer damals eingeladen hatte. Bereits beim ersten gemeinsamen Abendessen war die gegenseitige Sympathie in jeder Sekunde zu spüren. Und der Kontakt riss seither nicht mehr ab. Im Vorfeld der Winterspiele 2018 sollte er sogar höchst regelmäßig werden. Weil es gelungen war, Moser-Pröll für die Vorstellung ihrer größten Olympia-Helden als Star-Kolumnistin zu verpflichten.

Die Königin für die Ewigkeit und die Krone als größte Tageszeitung des Landes – das passte perfekt. Genauso, wie Annamirl das perfekte, krönende letzte Kapitel dieses Buches ist.

Jahrhundert-sportler unter sich: Toni Sailer und Annemarie Moser-Pröll

Im Jahr 2015 gratulierte Moser-Pröll Anna Fenninger zu ihrer WM-Goldenen.

Moser-Pröll mit Karl Schranz vor dem Sunstar-Hotel in Wengen

DANN ARBEITE ICH WIE DU BEI DER KRONEN ZEITUNG

GF: Als ich noch ganz klein war, verstand ich natürlich nicht, warum der Papa so oft verreisen musste und nur so selten zu Hause war.

PF: Er muss diese riesige rotweiße Atomic-Tasche gehasst haben. Wenn sie wieder einmal gepackt im Vorzimmer stand, warf er sich darauf und wollte so verhindern, dass ich wieder wegfahre.

GF: Auch wenn Papa nicht verreisen musste, war es oft schwierig. Weil es auch dann an den Wochenenden viele Mahlzeiten gab, bei denen nur meine Mutter und ich am Tisch saßen. Er arbeitete fast immer auch an Samstagen und Sonntagen.

PF: Sportjournalist zu werden, – schon seit jeher träumte ich davon. Wie wenig familienfreundlich der Beruf ist, war mir jedoch nicht wirklich bewusst gewesen: die vielen Abendveranstaltungen, die Wochenenden, die mit Arbeit ausgefüllt waren, dazu die unzähligen Reisen. Es gab Winter, in denen ich insgesamt vierzehn Wochen nicht zu Hause war, oft mit nur ganz kurzen Unterbrechungen dazwischen.

GF: Umso älter ich wurde, desto eher begriff ich, was mein Vater da überhaupt machte. Wen er allen traf oder interviewte, mit einem Wort: wie viele berühmte Leute er kannte. Das machte mich stolz auf ihn und darauf, dass in der Zeitung stand, was er so erlebt hatte, und er dabei namentlich auch noch genannt wurde.

PF: Selbst wenn der Beruf einem einiges abverlangt – was schließlich andere Berufe auch tun –, bringt er doch all die unvergesslichen Momente mit sich. Das entschädigt einen schon sehr für den Verzicht dort und da. Es sind all die unzähligen Geschichten mit den Stars aus der Sportwelt, die man sonst nicht so leicht hätte erleben können. Ihre Emotionen und Triumphe, ihren grenzenlosen Jubel, aber auch ihre bitteren Niederlagen oder schweren Verletzungen. Es war seit Jahren ein Bedürfnis, einige dieser Erlebnisse niederzuschreiben. Weniger jene, die man ohnehin kennt, sondern die hinter den Kulissen. Die kuriosen, von denen viele zum Schmunzeln und voller Ironie sind.

GF: Durch die Arbeit meines Vaters habe auch ich in all den Jahren zahlreiche Stars persönlich kennengelernt, Marcel Hirscher etwa, Herbert Prohaska, Hermann Maier und viele mehr. Natürlich war ich auch bei zahlreichen Sportveranstaltungen hautnah dabei, was sonst vermutlich nicht möglich gewesen wäre. Zum Beispiel bei Länderspielen, bei Matches des FC Barcelona, meinem Lieblingsklub, oder auch bei Skirennen wie auf der Streif in Kitzbühel oder beim Nachtslalom in Schladming. Und so ist auch in mir der Wunsch immer größer geworden, selbst auch einmal Journalist zu werden.

PF: Ich kann mich lebhaft an den Tag erinnern, als mir das glasklar vor Augen geführt wurde. Wieder einmal passte bei Gabriel, der begeisterter Fußballer ist, etwas in der Schule nicht. Ich stellte den Sohnemann zur Rede. Er antwortete mit staunendem, aber durchaus überzeugendem Blick:
„Weißt du, Papa, für mich ist die Schule nicht so wichtig!"
„Aha, warum denn nicht?"
„Weil ich, wenn ich 18 bin, sowieso bei Barcelona spiele, und wenn das nicht mehr geht, arbeite ich wie du bei der Krone!"

Gabriel Frauneder und Peter Frauneder

Gabriel Frauneder, geboren am 11. Mai 2004, beim Schreiben des Nachwortes

Peter Frauneder wurde 1967 in Wien geboren. Nach Volksschule und Gymnasium studierte er Handelswissenschaften und Volkswirtschaft an der Wirtschaftsuniversität Wien. Schon immer sportbegeistert, begann er 1993 im Sportressort der „Krone" als freier Mitarbeiter. 1998 wurde er angestellter Redakteur, er berichtete laufend über Fußball, Tennis, Formel 1 und Ski Alpin. 2013 wurde er stellvertretender Sportchef, seit 2016 ist er Sportchef der „Kronen Zeitung".